# Power to the people, not corporations

→ **Konzerne recherchieren und Widerstand organisieren**

ein Handbuch aus der edition 8

Einleitung

# Nieder mit der Konzernmacht!

Die Schweiz ist: Finanzplatz, Industriestandort, Handelsdrehscheibe und Ort des Hauptsitzes vieler multinationaler Konzerne. Die Ausbeutung von Menschen und die Zerstörung von Natur und Lebensgrundlagen, welche letztere zu verantworten haben, stehen immer mehr im Fokus der Öffentlichkeit. Dieses Buch ist ein Werkzeugkasten für Menschen, die sich weiterhin, wieder oder neu gegen Konzerne organisieren wollen. Es steckt nicht nur voller Informationen und Tipps, sondern auch voller Geschichten und Erfahrungen von ganz verschiedenen Gruppen, die sich gegen Konzerne wehren und sich mit den betroffenen Menschen solidarisieren.

Denn ohne Druck bewegen sich Konzerne nicht – weder in der Schweiz noch anderswo. Ein kleines Beispiel aus der Geschichte von MultiWatch: Vor 20 Jahren kam ein Vertreter der kolumbianischen Nahrungsmittelgewerkschaft Sinaltrainal in die Schweiz und erzählte über die Ermordung und Bedrohung von Gewerkschafter:innen durch kolumbianische Paramilitärs. Paramilitärs, die verbandelt sind mit Viehzüchter:innen und Milchproduzent:innen. Diese hatten Angst vor Streiks in den Nestlé-Betrieben, weil sie in diesem Fall keine Milch mehr liefern konnten. Die Gewerkschaftsvertreter:innen wollten am Sitz von Nestlé in Vevey über ihre gefährliche Situation berichten. Die Nestlé-Direktion leistete sich jedoch den Affront, ein solches

Treffen abzulehnen. Für die Probleme in Kolumbien sei die dortige Tochterfirma zuständig. Aus der Empörung über diese Reaktion entstand im Jahr 2001 eine Arbeitsgruppe zu Nestlé – die Anfänge der 2005 offiziell gegründeten Organisation MultiWatch. Mehr dazu unter: multiwatch.ch/fall/massenentlassung-in-der-nestle-fabrik-cicolac

In den letzten Jahren wurden die Macht von Konzernen und die Folgen ihres Wirtschaftens für Menschen und Natur zu einem immer grösseren Thema in der Schweiz. Im Jahr 2020 stimmte die Stimmbevölkerung über die *Konzernverantwortungsinitiative (KVI)* ab – 50.7 Prozent der Stimmbevölkerung sagten JA. Die Initiative scheiterte letztlich am Ständemehr. Dennoch war die Kampagne ein voller Erfolg. Damit der Druck auf Konzerne weiter steigt, stellen wir mit diesem Handbuch ein Werkzeug zur Verfügung, um Konzerne zu beobachten und uns so zu wehren gegen Verletzungen von Menschenrechten, gegen Ausbeutung und Zerstörung der Natur – stets in Solidarität mit den direkt betroffenen Menschen. Das Handbuch orientiert sich am Do-It-Yourself Handbook von *Corporate Watch* aus dem Vereinigten Königreich – denn am allerwichtigsten, wenn man gegen Konzerne aufsteht, ist Zusammenarbeit und Solidarität.

Im Kampf gegen Konzernmacht schliesst dies die Solidarität auf den verschiedensten Ebenen ein – und das spiegelt sich in diesem Buch wider. Es schreiben Aktivist:innen und Journalist:innen, NGO-Mitarbeiter:innen und Leute, die politische Arbeit unbezahlt machen, junge Menschen und solche, die vor vielen Jahrzehnten mit dieser Arbeit angefangen haben. Die Texte sind daher sehr verschieden und das sollen sie auch sein – es ist diese wilde und breite Solidarität, die sich in diesem Buch widerspiegelt und die eine erfolgreiche politische Arbeit möglich machen.

Bevor eine Gruppe von Aktivist:innen zu einem Konzern öffentlich aktiv wird, braucht es eine inhaltliche Auseinandersetzung mit den vom Konzern ausgehenden Konflikten – eine Konzernbeobachtung. Mit dem Kapitel «Wir alle können Konzerne beobachten» geben wir dazu erste Tipps. Wichtige Voraussetzungen für eine Konzernbeobachtung sind ein zielgerichteter Fokus und eine gute Strukturierung bei der Suche nach Informationen. Wenn wir mit einer Onlinerecherche anfangen, ist es leicht sich zu verlieren. Das Kapitel «Unterwegs mit der Suchmaschine» bietet Unterstützung dabei, zielführend und genau zu suchen. Zusätzlich zum Internet lagert umfangreiches Material von und über Konzerne in Bibliotheken und Archiven. Einen Wegweiser, wie sich dieses Material finden lässt, bietet das Kapitel «Materialsuche in Schweizer Bibliotheken und Archiven» von Christian Koller, Direktor des Schweizerischen Sozialarchivs.

Die interessantesten Infos aber erlangt man oft im Gespräch mit denen, die mehr wissen. Viele Konzerne verfügen über Fabriken und Forschungsstandorte in der Schweiz und dort finden sich ganz direkt Informationen, Leaks oder sogar Verbündete. So stellen wir uns im Kapitel «Konzernmitarbeitende in der Schweiz sympathisieren mit unseren Anliegen» die Frage, wie wir Konzernmitarbeitende für unsere Anliegen gewinnen. Im Kapitel «Recherche vor Ort» beschreibt Simone Wasmann, bis vor Kurzem Kampagnenverantwortliche bei Solidar Suisse, wie wir vor Ort an einer Produktionsstätte des Konzerns im Globalen Süden Kontakte knüpfen und an Informationen gelangen und uns vor allem wirkungsvoll mit den betroffenen Leuten vernetzen und solidarisieren. Im Kapitel «Anleitung zum Einmischen» gibt Alex Tiefenbacher, Autorin beim Onlinemagazin *das Lamm*, kreative Tipps um dem Konzern direkt Infos zu entlocken.

Gleichzeitig müssen wir immer verstehen, wie der Konzern funktioniert. Im Kapitel «Der Konzern und seine Tätigkeiten» gehen wir den Tätigkeiten eines Konzerns auf die Spur und wägen ab, wie wir den Konzern am ehesten bewegen können. In die gleiche Richtung geht das Kapitel zu «Was produziert der Konzern?», wo es um ein genaueres Verständnis der Produktionsprozesse geht. Und zu guter Letzt ist es wichtig, die Finanzen zu verstehen. Im Kapitel «Follow the money» beleuchtet der Finanzjournalist Olivier Christe die Frage, welche finanziellen Interessen hinter den Konzernaktivitäten stecken und wie wir mehr darüber herausfinden können. Magnus Meister, Fachspezialist Unternehmensanalysen bei der Gewerkschaft Unia, gibt uns im Kapitel «Know your enemy» eine Einführung, wie die Geschäftsberichte von multinationalen Konzernen zu dechiffrieren und zu nutzen sind.

Wenn wir dann eine Strategie entwickelt haben, müssen wir unsere Kritik publik machen. Ob und wie wir dabei mit und zu den Konzernen kommunizieren, ist entscheidend. Eine Möglichkeit für Protest – zumindest bei börsenkotierten Unternehmen – sind die jährlichen Generalversammlungen (GV). MultiWatch nutzt die GVs dann für Proteste, wenn diese betroffene Menschen eine Plattform bieten. Seit wir in unseren Anfängen im Jahr 2002 an der Generalversammlung von Nestlé auf die Repression gegen die Gewerkschafter:innen in Kolumbien aufmerksam gemacht haben, folgten zahlreiche Protestaktionen und Interventionen an GVs. Was diese bewirken können und was auch nicht, wird im Kapitel «Auftritt vor den Aktionär:innen» diskutiert. Manchmal reagieren Konzerne aggressiv auf Kritik. Sind sie aber geschickt, geben sie sich betont offen, nachhaltig und umweltfreundlich – auf Papier. Wie wir dieses «Greenwashing» aufdecken, zeigt Elisabeth Schenk, Textilexpertin bei Public Eye, im Kapitel «Greenwashing aufdecken». Besonders heikel wird es, wenn Konzerne ausgewählte Gruppen zum Dialog einladen – andere hingegen nicht teilnehmen dürfen oder wollen. Gerade das hat Nestlé damals auch getan – und es gelang dem Konzern damit, Kritiker:innen vorübergehend auseinanderzudividieren. Die Erfahrungen mit Nestlé und Glencore flossen in das Kapitel «Mit dem Konzern sprechen?» von Yvonne Zimmermann, Koordinatorin beim SOLIFONDS, ein.

Wie wir uns wehren, organisieren und solidarisieren, hängt oft von den herausgearbeiteten Möglichkeiten und unseren Partner:innen ab. Zur Repression gegen die Gewerkschafter:innen bei Nestlé in Kolumbien organisierten wir 2005 ein Volkstribunal mit öffentlicher Anhörung. Bei solchen Volkstribunalen geht es darum, mit einer Anhörung und entsprechender Öffentlichkeit Gerechtigkeit herzustellen, die vielen Menschen verwehrt bleibt. Parallel dazu organisierten wir in Bern eine internationale Konferenz zu Nestlé, wo es unter anderem um internationale Regelwerke ging. Diese Regelwerke haben oft kaum demokratische Legitimität. Ob und wie man sie – zusammen mit den Menschenrechten – doch nutzen kann, um Druck aufzubauen, diskutiert im Kapitel «Druck ausüben mit Menschenrechten» Silva Lieberherr, Landrechtsexpertin beim HEKS. Wie mit der Kampagne für eine Deklaration der Rechte der Bäuer:innen erfolgreich das UNO-System genutzt wurde, um Konzernmacht einzuschränken, erzählt Raffaele Morgantini, Advocacy Officer von CETIM, im gleichen Kapitel. Wenn wir entscheiden, was wir tun und worauf wir uns beziehen, ist die enge Abstimmung mit verbündeten Gruppen im Globalen Süden besonders wichtig. Darum erzählen im Kapitel «Solidarität im Arbeitskampf» zwei Aktivist:innen aus Kolumbien von ihren Konflikten mit Glencore und zeigen auf, wie wir sie in ihrem Kampf für Gerechtigkeit konkret unterstützen können. Neben Volkstribunalen gibt es unzählige weitere Protestformen, um gegen Konzerne Widerstand zu leisten und Solidarität mit den betroffenen Menschen zu zeigen. Stellvertretend für diese berichten Aktivist:innen von Collective Climate Justice (CCJ) im Kapitel «Utopien, Vernetzung, Bildung, Aktionen: (Klima)-Camp!», warum sie auf Protestcamps als Widerstandsform zurückgreifen und wie diese organisiert werden.

Das Volkstribunal gegen Nestlé im Jahr 2005 war die Geburtsstunde von MultiWatch. Eine wirkungsvolle Solidarität mit dem Kampf der Betroffenen für Gerechtigkeit ist seither die Grundlage unserer Arbeit. Der Verein wurde und wird noch immer getragen von Gewerkschaften, Nichtregierungsorganisationen, Hilfswerken, kirchlichen Organisationen, Parteien und von vielen engagierten Einzelpersonen. Die vielfältigen Erfahrungen dieser vielen Verbündeten sowie unser eigenes Wissen flossen in dieses Handbuch ein. Wir hoffen, dass diese Erfahrungen und dieses Wissen genutzt werden, um gemeinsam neue Kapitel im Widerstand gegen die Machenschaften der multinationalen Konzerne zu schreiben.

## ① Recherche von Zuhause

- 13 Tipps für den Anfang
- 18 Onlinerecherche
- 25 Literatur zu Schweizer Konzernen

## ② Recherche vor Ort

- 33 Unterstützung innerhalb des Konzerns
- 40 Kontakt mit Betroffenen
- 45 Informationen direkt vom Konzern erhalten

## ③ Den Konzern verstehen

- 55 Geschäftsfelder verstehen
- 63 Produkte und Prozesse verstehen
- 68 Finanzierung von Unternehmen
- 78 Geschäftsberichte lesen und verstehen

## ④ Einmischen

- 105 Generalversammlung der Konzerne
- 112 Die «Nachhaltigkeitslüge»
- 127 Einladung an den Hauptsitz

## ⑤ Internationale Vernetzung

- 137 Internationalen Standards nutzen
- 144 Mit dem UN System gegen Grosskonzerne
- 150 Stimmen aus dem Globalen Süden
- 158 Widerstandsform

179 Fazit

# ① Recherche von Zuhause

13 Tipps für den Anfang
# Wir alle können Konzerne beobachten

18 Onlinerecherche
# Unterwegs mit der Suchmaschine

25 Literatur zu Schweizer Konzernen
# Materialsuche in Schweizer Bibliotheken und Archiven

**Tipps für den Anfang**

# Wir alle können Konzerne beobachten

Wie gehen wir eine Konzernbeobachtung an? Was brauchen wir dazu? Es gibt nicht den «richtigen» Weg, um eine Konzernbeobachtung durchzuführen. Es braucht keine Fachpersonen, um einem Konzern auf die Finger zu schauen. Im Allgemeinen gilt: Je beharrlicher und ausdauernder wir sind, desto mehr werden wir herausfinden. Im Folgenden werden grundlegende Hinweise aufgeführt, die den Einstieg erleichtern.

Arbeitsgruppe MultiWatch

**Was ist Konzernbeobachtung**
Mit einer Konzernbeobachtung sammeln wir Informationen, die für Aktionen und Kampagnen nützlich sind. Frei nach dem Motto: «Wir beobachten, um zu handeln». Die Konzernbeobachtung ist eine Technik von und für Menschen, die von Konzernmacht betroffen sind, oder die sich solidarisch für Veränderungen ein-

setzen. Sie fördert das Verstehen der Konzernmacht innerhalb des kapitalistischen Systems, um einen erfolgreichen Kampf gegen Ausbeutung, patriarchale und rassistische Unterdrückung und Zerstörung der Natur zu führen.

### Wissen, was ihr wollt
Über jeden Konzern lassen sich riesige Mengen an Informationen sammeln, doch nicht alle davon werden nützlich sein. Üblicherweise, ist die Zeit, die uns für eine Konzernbeobachtung zur Verfügung steht, von Anfang an ein limitierender Faktor. Entsprechend wichtig ist es, dass wir uns bei der Beobachtung auf jene Informationen beschränken, die für unsere Aktionen und Kampagnen von Bedeutung sind. Wir geben uns also Mühe, die Informationen möglichst einzugrenzen.

Interessieren wir uns für das tägliche Geschäft oder für die Geschichte eines Konzerns? Wollen wir etwas über die Besitzverhältnisse oder die Finanzen herausfinden? Oder geht es uns darum, was der Konzern in anderen Teilen der Welt anrichtet und wer sonst noch Probleme mit ihm hat? Interessieren uns die rechtlichen Verantwortlichkeiten oder wie er seine Operationen rechtfertigt? Oder geht es uns gar um etwas ganz anderes?

Wenn wir unseren Ansatz geklärt haben, dann stellen wir uns die Frage, was wir mit den gesammelten Informationen vorhaben. Brauchen wir Daten, die unsere Kritik untermauern

und uns helfen, eine Kampagne zu entwerfen? Oder wollen wir ein Flugblatt erstellen, das wir verteilen? Ist es unser Ziel, einen umfassenderen Bericht über den Konzern zu verfassen oder streben wir einen Rechtsfall gegen den Konzern an?

Was immer es ist, wonach wir suchen: Das Ziel bestimmt, mit wem wir sprechen, und welche Aspekte, Dokumente und Quellen hinsichtlich des Konzerns wir uns genau vornehmen.

Auch bei unseren nächsten Schritten behalten wir unser Ziel im Auge und versuchen uns auf Fakten zu konzentrieren, die für unsere Kampagne oder für unsere Aktionen von Nutzen sind.

### Eine Struktur für unsere Konzernbeobachtung

Es ist unmöglich, alles im Voraus perfekt zu planen. Wenn es uns jedoch gelingt, unserer Konzernbeobachtung eine Struktur zu geben, dann sparen wir damit auf lange Sicht viel Zeit.

Das Erstellen einer Liste mit möglichen Quellen für unsere Fragestellung hilft uns beispielsweise dabei, unsere Frage zu präzisieren. In einem nächsten Schritt priorisieren wir die Quellen und analysieren, welche Quellen wahrscheinlich am schnellsten zu ergiebigen Informationen führen. Anschliessend erstellen wir einen Zeitplan und entscheiden, für welche Art Quelle wir wie viel Zeit verwenden.

Als Faustregel gilt, dass es stets sinnvoll ist, so viele Informationen wie möglich zu sammeln, bevor wir den Konzern mit unserer Kritik oder einer Kampagne konfrontieren. Auf diese Weise sind wir gut vorbereitet und können auf allfällige Reaktionen des Konzerns mit weiteren Schritten reagieren.

### Herausfinden, was bereits recherchiert wurde

Insbesondere wenn wir uns mit einem grossen Konzern beschäftigen, wurden viele der Informationen, die uns interessieren, wahrscheinlich schon festgehalten. Es ist daher wichtig, sich zu Beginn einer Konzernbeobachtung genügend Zeit zu nehmen, um herauszufinden, welche Informationen bereits systematisiert und welche Kritikpunkte der Öffentlichkeit schon zu Verfügung gestellt wurden. Einerseits sparen wir so viel wertvolle Zeit und setzen unsere Energien gezielter ein. Gleichzeitig stossen wir so womöglich auf Perspektiven und Ansätze, an die wir selbst nicht gedacht haben.

### Erfassen unserer Quellen

Wenn wir laufend die Namen, Telefonnummern und/oder andere Details notieren, wo und wann wir eine Information gefunden, beziehungsweise wann wir auf einer Website auf die Informationen zugegriffen haben, dann sparen wir uns auf lange Sicht ebenfalls viel Zeit und Mühen ein. Tauchen in einem späteren Stadium Zweifel an einigen Informationen oder Daten auf, fällt es uns leicht, die Quellen zu überprüfen. Jede Überprüfung wiederum kann uns zu einem späteren Zeitpunkt neue Hinweise liefern. Geduld ist eine wichtige Tugend in der Konzernbeobachtung. Zunächst unvollständiges Wissen wird manchmal zu einem späteren Zeitpunkt der Kampagne nützlich.

Wo nötig, fotografieren oder filmen wir Beweise. Ebenso fertigen wir Kopien an und achten darauf, Websites und andere Informationen auf der Festplatte oder auf einem externen Träger zu speichern.

### Quellen und Hinweise verfolgen

Stets halten wir Ausschau nach potenziellen Informationsquellen. Sprechen wir mit einer Person, so fragen wir, ob sie jemanden kennt, den wir kontaktieren können. Wenn immer möglich, sehen wir uns die in einem Artikel oder Bericht angeführten Quellen selbst an, um zu überprüfen, ob sie zusätzliche Informationen enthalten. Wenn etwas unklar ist, rufen wir diejenigen Personen an, die den Artikel geschrieben oder die Recherche durchgeführt haben.

Den Links auf nützlichen Websites gehen wir systematisch nach, zudem schauen wir uns immer wieder die Bibliographien und Quellenverzeichnisse von Publikationen an.

### Voreingenommenheit und Beschränkungen von Quellen

Unseren Quellen müssen wir stets skeptisch gegenüberstehen. Immer wieder stellen wir uns die Frage, ob wir den Informationen trauen können. Dabei dürfen wir auch die Voreingenommenheit oder persönliche Perspektive, die jeden Artikel, jede Website oder Aussage einer Person prägt, nicht ausser Acht lassen.

Ein Konzern und seine leitenden Angestellten werden zwangsläufig das Positive betonen.

Doch auch die Medien, Informationsquellen aus der Wirtschaft, Gewerkschaften, Menschen, die von der Konzernmacht betroffen sind, Kampagnen und «offizielle» Regierungsquellen sind eventuell von Vorurteilen geprägt.

Wichtig ist es daher, Informationen stets gegenzuprüfen. Selbst die glaubwürdigsten Menschen können sich irren. Weiter gilt es zu beachten, dass Übertreibungen auf lange Sicht nur der Glaubwürdigkeit einer Kampagne schaden. Je nüchterner und unangreifbarer Informationen und Fakten sind, desto stärker wirken sie.

## Onlinerecherche

# Unterwegs mit der Suchmaschine

Woher nehmen wir die Informationen über Konzerne? Welche Tricks vereinfachen die Recherche? Wenn wir Informationen zu multinationalen Konzernen suchen, ist das Internet häufig die erste Anlaufstelle. Es ist jedoch so, dass eine stundenlange Onlinerecherche zwar zu einer Fülle von Daten führt, aber nicht zum ursprünglich Gesuchten. Die richtigen Instrumente helfen uns, gezielter an Informationen zu gelangen.

Arbeitsgruppe MultiWatch

### Suchmaschinen
Als Suchmaschinen werden Softwaresysteme bezeichnet, die das Internet nach Informationen durchforsten und diese in einer Datenbank speichern. Sie ordnen die gefundenen Informationen, sodass die relevantesten Ergebnisse für eine bestimmte Suche so schnell wie möglich abgerufen werden können – beispielsweise nach Schlüsselwort, Datum, Sprache und vieles mehr.

Die Unterstützung von Menschen bei der Suche im Internet ist äusserst profitabel geworden. Die Eigentümer der bekanntesten Suchmaschinen – allen voran Google – gehören zu den grössten Konzernen der Welt. Das auffälligste Zeichen dieser Kommerzialisierung ist die ständig wachsende Zahl von Werbeanzeigen, welche die Suchergebnisseiten überschwemmen. Einige davon sehen wie echte Suchergebnisse aus. Deshalb sind wir vorsichtig, worauf wir klicken.

Wenn man ein Wort in eine Suchmaschine eingibt, kann man Hunderttausende von Seiten finden. Daher sollte die Suche bestmöglich eingegrenzt werden. Die Suchmaschinen verbessern sich zwar darin, herauszufinden, wonach wir suchen. Aber es ist immer noch nützlich zu wissen, wie man so schnell wie möglich die besten Suchergebnisse erhält. Der wichtigste Ratschlag ist daher der offensichtlichste: Suchworte sollten mit Bedacht ausgewählt werden.

Indem wir gewisse Suchoperatoren zusammen mit den gesuchten Wörtern eingeben, können wir Zeit einsparen. Der folgende Abschnitt enthält eine Liste samt Erläuterungen der nützlichsten Suchoperatoren.

### Anführungszeichen
Zwei oder mehr Wörter in geraden Anführungszeichen ("...") werden immer zusammengesucht – und zwar in der Reihenfolge, in der sie eingegeben wurden. Konkret heisst das, dass uns nicht alle Suchergebnisse, in denen nur eines der Wörter vorkommt, angezeigt werden. Wenn wir beispielsweise nach einem bestimmten Bericht suchen, setzen wir den Titel in Anführungszeichen. Ebenfalls können Anführungszeichen dazu verwendet werden, nach einem Zitat und dessen Quelle zu suchen.

### site:
Mit dieser Eingabe wird die Art der Website definiert, die durchsucht werden soll. Die Suche nach «Nestlé site:admin.ch» liefert Ergebnisse zu Nestlé auf den Websites mit der Domain admin.ch. In diesem konkreten Fall handelt es sich um Seiten von Bundesbehörden.

Diese Suchfunktion kann sehr nützlich sein, um sich einen Überblick über die Welt zu verschaffen, die nicht von multinationalen Konzernen geprägt ist, da diese viel Geld für die «Suchmaschinenoptimierung» ausgeben – also dafür, dass ihre Seiten in den Suchergebnissen weiter oben erscheinen. Ebenso können wir die Funktion einsetzen, um ausschliesslich in bestimmten Websites, etwa von Zeitschriften, zu suchen. Auch können Websites aus einem bestimmten Land durchsucht werden, indem die jeweilige Länderdomäne verwendet wird, zum Beispiel mit site:ch.

### Minus Zeichen
Damit werden Wörter von der Suche ausgeschlossen. Die Suche Bayer -Leverkusen liefert Ergebnisse über den Chemiekonzern, nicht aber über den Fussballclub Bayer Leverkusen.

### inurl:
Damit wird nach bestimmten Wörtern in einer URL (Webadresse) gesucht. Wenn wir beispielsweise alle Webadressen, die den Begriff «pesticides» enthalten, suchen, geben wir den Suchbefehl inurl:pesticides ein. Mit der Funktion intitle: geschieht dasselbe, aber nur innerhalb des Titels einer Website.

### filetype:
Diese Suchbefehle sind dann nützlich, wenn etwas gesucht wird, das nur in einem bestimmten Dateityp vorhanden ist, beispielsweise einem Word-Dokument oder einer Powerpoint-Präsentation. Mit der Suche nach einem Namen und filetype:xlsx suchen wir nur in Excel-Dateien – das ist zum Beispiel hilfreich, wenn wir eine Telefonnummer suchen.

### Erweiterte Suche
Bei einigen Suchmaschinen kann das Datum angegeben werden, an dem eine Seite oder ein Artikel veröffentlicht wurde (beispielsweise innerhalb der letzten Woche, des letzten Monats oder des letzten Jahres). Auch können die Suchergebnisse nach Sprache und Land gefiltert werden. Viele Suchmaschinen enthalten spezialisierte Datenbanken, die andere Ergebnisse liefern können als die üblichen Suchmaschinen. Die meisten haben Optionen wie «Nachrichten» oder «Bilder». Google bietet zum Beispiel eine Suche nach Patenten und wissenschaftlichen Artikeln an. Damit können Ergebnisse erheblich eingeschränkt werden.

### Websites speichern

Das Internet ist nicht statisch: Informationen können sich bewegen oder sogar ganz verschwinden. Konzerne, die wissen, dass sie beobachtet werden, nehmen möglicherweise absichtlich Material vom Netz.

Dem können wir entgegensteuern, indem die Funktion «Seite speichern unter» im Browser verwendet wird, um eine Kopie einer Website auf der Festplatte zu speichern, sie auszudrucken oder einen Screenshot von der Website zu machen. Auf diese Weise stellen wir sicher, dass wir eine Aufzeichnung davon haben und später darauf zugreifen können.

### Archivierte Websites

Das Material im Internet ändert sich ständig. Archivierungsseiten können helfen, frühere Versionen von Seiten zu finden, die inzwischen geändert wurden. Ein Beispiel dafür ist die Wayback Machine www.archive.org. Diese durchforstet seit fast zwanzig Jahren das Internet und speichert alte Versionen von Websites. Dazu kann der Name der entsprechenden Website in das Suchfeld der Wayback-Website eingegeben werden, um frühere Versionen der Website zu finden.

Wenn die gesuchte Website vollständig gelöscht wurde, kann der Speicher (Cache) von Google durchsucht werden, um die letzte aktive Version zu finden (am besten nach «how to use google cache» suchen, um Anweisungen zu erhalten, wie dieser Speicher verwendet werden kann).

---

### Eine kurze Anleitung zur digitalen Selbstverteidigung

Wer im Internet sicher unterwegs sein will, muss sich zu wehren wissen. Die Wochenzeitung «WOZ» und die Digitale Gesellschaft Schweiz haben zusammen eine lehrreiche Kurzanleitung zur digitalen Selbstverteidigung verfasst, die kontinuierlich aktualisiert wird. Hier findet man das PDF zum kostenlosen Download: www.digitale-gesellschaft.ch/ratgeber

---

Fallbeispiel: Der in Brighton ansässige Rüstungskonzern EDO MBM entfernte mehrere Seiten von seiner Website, die sich auf die Herstellung umstrittener Waffeneinheiten bezogen. Dies geschah kurz bevor der Geschäftsführer vor Gericht im Rahmen eines Prozesses gegen Aktivist:innen aussagen sollte. Die Aktivist:innen waren wegen eines Protests gegen den Konzern verhaftet worden. Mit Hilfe des Wayback-Machine-Webarchivs gelang es den Aktivist:innen jedoch, die Seiten wiederherzustellen, was die Befragung des Geschäftsführers unangenehmer machte, als er erwartet hatte.

Es gibt viele solche Verzeichnisse und Datenbanken, wo es spannende Infos zu Konzernen und Konzernstrukturen gibt – viele davon gratis und einfach zugänglich. Ausserdem gibt es viele Anleitungen und Inspirationen dazu, wie man noch mehr findet. Auf multiwatch.ch/verzeichnisse haben wir die wichtigsten zusammengestellt.

**Tipps von Public Eye für die vertiefte Recherche im Internet zum Greenwashing durch Modekonzerne (siehe auch das Kapitel «Die ‹Nachhaltigkeitslüge›: Greenwashing aufdecken»). Mehr von Public Eye zum Thema Mode unter www.publiceye.ch/de/themen/mode**

Mode ist für Public Eye ein wichtiges Thema. Und manchmal ist es gar nicht einfach herauszufinden, welche Marke zu welchem Konzern gehört, wer diesen besitzt und wo er den Hauptsitz hat. Hier ein paar Tipps wie man von den glänzenden Online-Shops zu den interessanten Informationen kommt.

⊕ **Suche auf der Website des Konzerns**
Wir beginnen auf der Website der Firma. Einige unterhalten bloss eine Website, doch bei manchen grösseren Unternehmen sind die Informationen über mehrere Websites verstreut. Bei Modefirmen werden wir häufig zunächst in einem Online-Shop landen. Die Informatio-

nen, die wir suchen, finden sich meist eher auf der Unternehmenswebsite. Manchmal finden wir auch auf den Online-Shop-Seiten Links zu Unternehmensinformationen (beispielsweise unter Menü-Punkten wie «über uns» oder «investors»). Solche Menü-Punkte können sich auch ganz unten in der Fusszeile der Website finden. Manchmal sind die Unternehmensseiten gar nicht auf den Shops verlinkt. Wir arbeiten daher stets mit Suchmaschinen.

### Nutze verschiedene Sprachen und Synonyme
Wenn wir uns die Website des Konzerns anschauen, versuchen wir herauszufinden, welches die Hauptsprache der Website ist. Etwa bei der Suche nach Nennungen zum Existenzlohn suchen wir den Ausdruck in dieser Sprache (living wage statt Existenzlohn). Ebenso nutzen wir ähnliche Ausdrücke, die in diesem Kontext erscheinen könnten, etwa «nachhaltig» oder «sozial». Meist ist nicht alles Kleingedruckte auf einer Website in alle Sprachen übersetzt.

### Finden auf einer Webpage
Sind wir auf der Internetpräsenz eines Konzerns angekommen, wo wir relevante Informationen erwarten, können wir die spezifische Webpage ganz einfach mit der Suchfunktion des Browsers durchsuchen. Dafür klicken wir die Control-Taste (Strg, Mac: Apfelsymbol / Command) und den Buchstaben F (für find.). Damit öffnet sich ein kleines Suchfenster, in das wir einen Suchbegriff eingeben können. Achtung: das sucht nur auf der Webpage, die grade sichtbar ist. Das hilft also vor allem für sehr lange Webpages oder für lange Jahresberichte.

### Suchen in einer Website
Wenn wir ein Wort oder einen Ausdruck auf einer gesamten Firmen-Website suchen wollen, müssen wir anders vorgehen. Auch die Suchfunktion der Website (wenn es sie denn gibt) hilft oft wenig weiter. Besser geht es mit einem kleinen Trick der Suchmaschine Google. Wir schränken die Google-Suche mit dem Operator :site auf

die Website ein, auf der wir suchen möchten. Im Beispiel des US-Modekonzerns Gap sieht der Suchbefehl bei Google wie folgt aus: site:gap.com. Damit können wir nach spezifischen Begriffen wie z.B. "living wage" auf allen Unterseiten und Dokumenten von gap.com suchen. "Living wage" steht dabei in Anführungszeichen, so bekommt man nur Resultate für den gesamten Ausdruck – ohne Anführungszeichen kämen auch Resultate für die einzelnen Worte «living» und «wage» heraus.

### Suchen auch ausserhalb der Website

Mit der Google-Eingabe site:gap.com "living wage" werden wir aber beim amerikanischen Modekonzern The Gap nicht weit kommen, denn der hat für seine Nachhaltigkeitsstrategien eine eigene Website kreiert. Es lohnt sich also immer, sowohl mit und auch ohne den site-Operator zu suchen. Nur so finden wir mehr.

### Mutterkonzerne / Tochterkonzerne

Marken sind das, was vom Konzern hier sichtbar ist. Gehen wir von ihnen aus, ist es wichtig zu verstehen, wie die Konzernstruktur aussieht. Banana Republic etwa ist eine Handelsmarke, die zum Mutterkonzern The Gap gehört. Die Website www.bananarepublic.gap.com weist schon in der URL darauf hin, die Website www.bananarepublic.eu dagegen nicht. Manchmal helfen der Wikipedia-Eintrag oder Artikel in der Wirtschaftspresse, um die Firmenstruktur zu durchschauen.

Suchen müssen wir da aber mit der Marke und auch dem Mutterkonzern. Wenn wir ganz unten auf die Webpages gehen, finden wir den genauen Namen der Tochterfirma oder der Marke (nach dem ©). Und damit können wir in den auf Verzeichnissen wie opencorporates.com oder in offiziellen Handelsregistern viel Info zur Konzernstruktur finden.

Literatur zu Schweizer Konzernen

# Materialsuche in Schweizer Bibliotheken und Archiven

Gibt es nebst der Onlinerecherche andere Quellen, um sich über Konzerne zu informieren? Wie finden wir diese? Auch heute noch finden sich nicht alle Informationen im Internet. Umfangreiches Zusatzmaterial von und über Konzerne lagert noch immer in Bibliotheken und Archiven. Ein Wegweiser.

Prof. Dr. Christian Koller, Direktor des Schweizerischen Sozialarchivs

### Bibliothekskatalog «Swisscovery»
Im schweizweiten Bibliothekskatalog «Swisscovery» kann man in den Beständen von rund 490 Schweizer Bibliotheken recherchieren. Darin findet sich auch reichhaltige Literatur zu schweizerischen und ausländischen Konzernen: sowohl von den Konzernen selbst herausgegebene Schriften als auch Studien über sie aus wissenschaftlicher, journalistischer oder aktivistischer Perspektive. Ebenso findet sich allgemeine Literatur zu Themen wie Kinderarbeit, Rohstoffhandel, Umweltverschmut-

zung, transnationale Produktionsketten oder Geldwäscherei. Die Benutzung von «Swisscovery» erfordert ein Login, das online beantragt werden kann. Bei Problemen helfen die dem Katalog angeschlossenen Bibliotheken telefonisch oder vor Ort an ihren Informationsschaltern gerne weiter.

Einige Tricks erleichtern die Literatursuche in «Swisscovery»: Wer sich gleich zu Beginn der Recherche mit dem persönlichen Login anmeldet und zur Optimierung der Suchresultate die Filtermöglichkeiten (im linken Menübereich der Katalogseite) nutzt, erhält komplette Ergebnisse und kann die Suche auf einzelne Bibliotheken, Medientypen (beispielsweise Bücher oder Artikel), Sprachen oder Zeitperioden einschränken. Im Suchresultat wird für die einzelnen Titel angezeigt, in welchen Bibliotheken sie ausleihbar sind. Je nachdem können die Titel online an den Ausleihschalter der betreffenden Bibliothek bestellt oder selbst im Freihandmagazin herausgesucht werden. Bei den meisten Bibliotheken ist dies gratis. In vielen Fällen ist auch eine (kostenpflichtige) Bestellung als Digitalisat (digital erstellte Version) oder per Kurier an eine andere Bibliothek möglich.

### Schweizerische Nationalbibliothek
Nicht in «Swisscovery» verzeichnet sind die Bestände der Schweizerischen Nationalbibliothek in Bern. Die Nationalbibliothek hat den Auftrag, sämtliche «Helvetica», d. h. in der Schweiz herausgegebene Publikationen sowie Publikationen über die Schweiz, zu sammeln. Diese Bestände können im Katalog «Helveticat» recherchiert und bestellt werden. Die Nationalbibliothek betreibt auch das Portal e-newspaperarchives.ch mit einem stetig wachsenden Angebot retrodigitalisierter Zeitungen aus der ganzen Schweiz sowie das «Webarchiv Schweiz», das seit etwa anderthalb Jahrzehnten politisch und gesellschaftlich wichtige Schweizer Websites archiviert. Diese beiden Angebote bieten vielfältige Informationen zu mit der Schweiz verbundenen Konzernen.

### Schweizerisches Sozialarchiv
Besonders reichhaltige Informationen finden sich in den Beständen des Schweizerischen Sozialarchivs in Zürich. Das So-

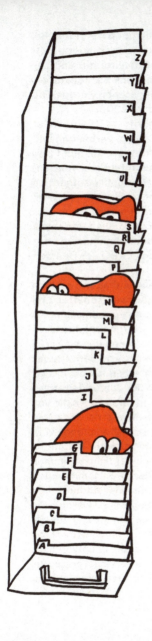

zialarchiv umfasst eine Bibliothek, eine Dokumentationsstelle und ein historisches Archiv. Die Bibliotheksbestände sind in «Swisscovery» verzeichnet. Damit man bei der Recherche im Katalog direkt zu Beständen des Sozialarchivs gelangt, filtert man die Suche nach «Spezialbibliotheken Region Zürich». Der Grossteil der Bibliotheksbestände des Sozialarchivs ist (nach Bestellung an den Ausleihschalter via «Swisscovery») für die Heimausleihe freigegeben. Ältere Bücher und Zeitschriften können nur im Lesesaal eingesehen werden.

In einer separaten Datenbank können die Bestände der Sachdokumentation des Sozialarchivs recherchiert, bestellt und teilweise online eingesehen werden. Die Sachdokumentation verzeichnet Kleinschriften (Broschüren, Flugblätter, Zeitungsartikel und digitale Schriften) zu rund 1200 gesellschaftlichen, politischen und wirtschaftlichen Themen. Dazu zählen beispielsweise Dossiers zu den Themen «Multinationale Gesellschaften» (enthält auch Material zur Konzernverantwortungsinitiative), «Betriebszusammenschlüsse, Unternehmenszusammenschlüsse, Konzerne; Kapitalkonzentration», «Lebensmittelindustrie, Nahrungsmittelindustrie; Genussmittelindustrie; Getränkeindustrie» (enthält auch Sonderdossiers zu Nestlé), «Chemische Industrie; Pharmaindustrie; Kunststoffe», «Börse; Rohstoffmarkt», «Betriebsführung; Unternehmensführung; Betriebswissenschaft; Unternehmensethik» oder «Kinderarbeit; Jugendarbeit». Schachteln mit Kleinschriftenliteratur und Zeitungsausschnitten können über die Datenbank Sachdokumentation einfach bestellt und im Lesesaal eingesehen werden. Die Zeitungsausschnittsammlung endet im Jahr 2006.

Die sogenannten «Digitalen Schriften» (Flugblätter, Broschüren und Stellungnahmen von Parteien, Verbänden und verschiedenen zivilgesellschaftlichen Akteuren, die nicht physisch gedruckt, sondern nur im Internet veröffentlicht wurden) können in der Datenbank Sachdokumentation online aufgerufen und heruntergeladen werden. Für Zeitungsartikel der jüngeren Zeit kann im Lesesaal des Sozialarchivs am eigenen Laptop oder an den Lesesaalcomputern in der Schweizer Mediendatenbank «Swissdox essentials» recherchiert werden. Ebenfalls im Lesesaal zugänglich ist die Sendungsdatenbank FARO des Deutschschweizer Fernsehens SRF.

Die Archivbestände des Sozialarchivs enthalten die Akten von rund 900 Organisationen: Parteien, Gewerkschaften und Angestelltenverbänden, sozialen Bewegungen, politischen Komitees, Frauen\*-, Jugend-, Kultur- und Sportorganisationen, Umweltverbänden, gemeinnützigen Organisationen und weiteren. Dazu gehören etwa die Archive der Erklärung von Bern/Public Eye, der Aktion Finanzplatz Schweiz, der Alliance Sud, der Arbeitsgruppe Dritte Welt Bern, die in den 1970er-Jahren den ersten Nestlé-Boykott organisierte, der Arbeitsgruppen zu Nestlé von Amnesty International Schweiz oder des Schweizerischen Arbeiterhilfswerks/Solidar Suisse. Die Archive der Branchengewerkschaften (beispielsweise der Unia-Vorläuferin SMUV) enthalten ebenfalls Unterlagen zu Schweizer Unternehmen. Hinzu kommen zahlreiche Personennachlässe sowie einige Spezialsammlungen. Die Recherche und Bestellung erfolgen via www.findmittel.ch. Die meisten Archivbestände können frei eingesehen werden, die Benutzung ist aber nur im Lesesaal möglich. Ein grosser Teil der audiovisuellen Archivbestände kann in der Datenbank Bild+Ton online eingesehen werden. Grundsätzlich ist die Benutzung des Sozialarchivs (mit Ausnahme von speziellen Services) gratis. Bei Fragen zu Recherche und Ausleihe steht der Benutzungsdienst gerne zur Verfügung.

## Schweizerisches Wirtschaftsarchiv, Archiv für Zeitgeschichte, Konzernarchive

Die wichtigsten öffentlichen Wirtschaftsarchive der Schweiz sind das Schweizerische Wirtschaftsarchiv sowie das Archiv für Zeitgeschichte. Die Sammlung des Schweizerischen Wirtschaftsarchivs umfasst über 500 Konzernarchive aus dem Zeitraum von 1750 bis heute. Geografisch wird die ganze Schweiz abgedeckt, ein Schwerpunkt liegt auf der Region Basel. Hinzu kommt eine umfangreiche Wirtschaftsdokumentation, die aus drei Teilen besteht: Die Dokumentation zu Firmen und Organisationen, die Personendokumentation zu Akteurinnen und Akteuren aus Wirtschaft und Politik sowie die thematische Sachdokumentation. Die Dokumentensammlungen umfassen Zeitungsausschnitte, Kleinschriften, Jubiläumsschriften, Jahresberichte, biografisches Material oder Statistiken in gedruckter und digitaler Form.

Im Archiv für Zeitgeschichte liegen unter anderem die Archive wichtiger Wirtschaftsverbände (Schweizerischer Arbeitgeberverband, Economiesuisse, Swissmem, Swiss Textiles, Zürcher Handelskammer) sowie das Archiv des Zuger Technologiekonzerns Landis+Gyr. Viele Konzernarchive befinden sich aber bei den jeweiligen Unternehmen selbst. Ihr Erhaltungszustand und Erschliessungsgrad sowie die Zugänglichkeit für Externe unterscheiden sich je nach Firma stark. Ein hilfreiches Werkzeug zur Suche schweizerischer und liechtensteinischer Wirtschaftsarchive ist das Portal arCHeco.

/ ② Recherche vor Ort

**33** Unterstützung innerhalb des Konzerns
# Konzernmitarbeitende in der Schweiz sympathisieren mit unseren Anliegen

---

**40** Kontakt mit Betroffenen
# Recherche vor Ort

---

**45** Informationen direkt vom Konzern erhalten
# Anleitung zum Einmischen

---

**Unterstützung innerhalb des Konzerns**

# Konzernmitarbeitende in der Schweiz sympathisieren mit unseren Anliegen

Wie gewinnen wir Konzernmitarbeitende für unsere Anliegen? Nicht alle Mitarbeitenden spüren die Auswirkungen der jährlichen Millionengewinne des Konzerns in den eigenen Arbeitsbedingungen oder tragen die Konzernpolitik mit gleicher Identifikation mit. Bei der Kritik an einem Schweizer Konzern sollten wir herausfinden, wo wir Konzernmitarbeitende finden, die sich mit unserem Anliegen auseinandersetzen oder identifizieren können.

Arbeitsgruppe MultiWatch

### Holdings, Forscher:innen und Manager:innen
Schweizer multinationale Konzerne haben meistens eine Holdinggesellschaft in der Schweiz, die die Tochtergesellschaften finanziell führt, kauft und verkauft. Ebenso pflegt die Holding-

gesellschaft die Kontakte mit den Aktionär:innen und Banken. Sie gleicht letztlich mehr einer Bank als einem Industrieunternehmen. Bei vielen Konzernen beschäftigt die Holding nur 1 % der Arbeitnehmer:innen. Für die Holding arbeiten Jurist:innen, Finanzspezialist:innen und Manager:innen, die erfahrungsgemäss selten für die Anliegen von Konzernkritiker:innen gewonnen werden können. Im Sinne einer marxistischen Soziologie können wir hier von «Charaktermasken des Kapitals» sprechen. Sie haben die Zwänge des Kapitalismus verinnerlicht.

Ginge es nach den Management-Gurus, beständen die Konzerne nur noch aus Manager:innen. Alle anderen wären längst an Outsourcing-Partner:innen ausgegliedert und ihre Arbeit in billigere Schwellenländer verlagert. Die Welt bestünde nur noch aus globalen Wertschöpfungsketten, einem anonymen und auswechselbaren Proletariat und – natürlich – den Manager:innen sowie ihren Consultants. Da die Reichen und Superreichen aber nicht alles glauben, was in Harvard und St. Gallen geschrieben wird, haben mehrere Schweizer Konzerne einige wichtige Teile der Forschung & Entwicklung sowie strategisch ausgewählte Produktionsanlagen in Sichtweite – in der Schweiz – behalten. Das ist der Fall bei Nestlé, Roche, Novartis und Syngenta.

Das ist eine gute Nachricht. Für konzernkritische Kampagnen gibt es deshalb noch immer ein Publikum.

### Angestellte und Arbeiter:innen

Jede:r zehnte Novartis- und jede:r sechste Roche-Mitarbeitende arbeitet nach wie vor in der Schweiz. Syngenta verfügt in Monthey im Wallis zudem über eine klassische chemische Fabrik, deren Arbeiter:innen in einer funktionierenden Gewerkschaft organisiert sind. In der Forschung und Entwicklung der Chemiekonzerne arbeiten nicht nur Nobelpreisträger:innen, sondern auch viele Laborant:innen und ein akademisches Proletariat, das oft für Umwelt- und Gesundheitsfragen sensibilisiert ist.

Auch bei den grossen Marketing- und Informatik-Abteilungen der Konzerne gehören nicht alle zum Top-Management. Die Arbeitsprozesse sind derart formalisiert, dass sie ganz von selbst funktionieren. Die Erreichung der vorgegebenen Ziele wird gemessen. Die meisten müssen auch hier ihre Arbeitskraft bei Strafe des Untergangs verkaufen. Wenn die Ausbreitung der

Temporärarbeit und die Prekarisierung der Arbeitsverhältnisse in den Konzernfabriken in Indien anprangert werden, müssten die vielen schlecht bezahlten Praktikant:innen ihre Ohren spitzen.

Die beiden Grossbanken UBS und CS haben ein Drittel respektive die Hälfte ihrer Beschäftigten in der Schweiz und bekommen so die politische Empörung über ihre Investitionen in fossile Projekte hautnah mit. Für viele Angestellte der Grossbanken ist der Bonus gleichgesetzt mit dem 13. Monatslohn. Angesichts der Entlassungswellen und der Verschlechterung des Betriebsklimas wäre echte gewerkschaftliche Organisation in den Banken längst an der Tagesordnung.

Es gibt also auch in der Schweiz noch Beschäftigte der Konzerne, die mit Konzernkritik angesprochen werden können.

### Das Greenwashing teuer machen

Das Managment der Konzerne, die wie Nestlé oder Novartis aufgrund ihrer Produkte direkt mit Konsument:innen zu tun haben, ist verwundbarer durch die öffentliche Meinung als das dasjenige der Konzerne ohne direkten Kontakt zu Verbraucher:innen. Eine Kampagne wie «Nestlé tötet Babys» kann unmittelbaren Einfluss auf die Verkaufszahlen haben. Deshalb haben erstgenannte Konzerne oft die grösseren Public Relations- und Marketing-Abteilungen. Das Management der Konzerne ohne direkten Verbraucher:innen-Kontakt kümmert sich deutlich weniger um die öffentliche Meinung. Die Konzernspitze von Glencore verfuhr jahrelang nach dem Motto «Und ist der Ruf erst ruiniert, so lebt es sich ganz ungeniert».

Dennoch gilt, dass es den meisten Konzernspitzen wichtig ist, welche Meinung ihre Mitarbeitenden hier in der Schweiz über den Konzern haben. Public Relations und Greenwashing-Strategien richten sich bei den Konzernen nicht zuletzt an die eigenen Mitarbeitenden. Die Konzerne geben viel Geld für die Schaffung einer Identifikation der Gesamtbevölkerung mit dem Konzern aus.

Wir wollen die Konzerne unter Druck setzen, auch in ihren eigenen Betrieben. Kinderarbeit im Globalen Süden und Investitionen in fossile Energien müssen sie möglichst viel kosten – und sei es auch nur für das Heer von Berater:innen und Mediensprecher:innen, die die Öffentlichkeit und die Mitarbeitenden beruhigen. Ohne die konzernkritischen Kampagnen gäbe es die farbigen und teuren Mitarbeiter:innen-Zeitschriften und PowerPoint-Foliensätze nicht. So gesehen kann jede neue Ausgabe als ein Triumph für konzernkritische Kampagnen interpretiert werden.

Ganz besonders wichtig ist es für die Konzerne, dass sie junge motivierte Mitarbeiter:innen rekrutieren können. Ein guter Ruf an Fachhochschulen und Universitäten ist hierfür wichtig. Weshalb gerade an solchen Orten die Chancen, mit Konzernkritik Druck ausüben zu können, besonders gut liegen.

### Oben und Unten

Die Public-Relations-Abteilungen tun so, als würde sich die Kritik am Konzern gegen die Mitarbeitenden richten. Wir differenzieren aber durchaus zwischen dem Top-Management und den Arbeitenden. Der Grossteil der Pharma-Angestellten hat wenig oder gar keinen Einfluss auf die monopolistische Preispolitik. Viele Syngenta-Mitarbeitende wären froh, wenn der Konzern aus dem Paraquat-Geschäft aussteigen würde. Das gilt auch für viele Forscher:innen. An ihnen liegt es nicht, dass Syngenta sich in diesem Punkt nicht bewegt hat. Bei der UBS und CS sind wenige Angestellte an den Entscheidungen für Investitionen in die Erdgas-Pipelines beteiligt. Die Mehrheit der Angestellten hingegen wäre glücklich, wenn sie ihren Kund:innen nachhaltige Produkte empfehlen könnten und sich am Familientisch nicht regelmässig bei ihren Kindern rechtfertigen müssten.

Bei der Kritik an den Konzernen unterscheiden wir genau zwischen den Vertreter:innen des Kapitals und den vielen anderen, die sich in Lohnarbeit verkaufen müssen.

### Kampagnenarbeit ist Bündnisarbeit

Für Konzernmitarbeitende ist es ein grosser Schritt, sich mit Kleinbäuer:innen in Maharashtra oder Bergbauarbeiter:innen in Kolumbien gegen ihren Arbeitgeber zu solidarisieren oder eine Petition für den Ausstieg der Bank aus Erdgas-Pipelines zu unterschreiben. Sie handeln sich damit viel Ärger ein und könnten beim nächsten Personalabbau zu jenen gehören, die ihren Job verlieren.

Weshalb sollten sie einer erst gegründeten Gruppe von Konzernkritiker:innen vertrauen und am Greenwashing der Public-Relations-Abteilung zweifeln? Sie vertrauen lieber anerkannten Expert:innen in ihrem Fachgebiet, wenn es um Gesundheitspolitik, Klima oder Biodiversität geht. Es ist einfacher, den Syngenta-Chefs zu widersprechen, wenn man sich dabei auf Hans Rudolf Herren, den Gewinner des alternativen Nobelpreises, abstützen kann.

Als Aktivist:innen-Gruppe sollten wir uns deshalb früh nach Partnerorganisationen oder bekannten Expert:innen umschauen, denen man vertraut und mit denen man in der Kampagne zusammenarbeiten kann. Eine gute Bündnisarbeit nützt mehr als zehntausend Flyer.

Wenn es um monopolistische Pharma-Preise geht, gehören kritische Mediziner:innen und der Tessiner Krebsarzt Franco Cavalli mit ins Boot. Für die Kampagne gegen die Entlassung einer Gewerkschafterin in einer Konzerntochtergesellschaft sprechen wir uns mit der hiesigen Gewerkschaft ab. Konzernkritische Fachkonferenzen wie «Agro statt Business» oder «Gesundheit ist keine Ware» helfen, Kontakte zu knüpfen.

### Einbeziehen der Gewerkschaften

Wo immer möglich solidarisieren wir uns mit den gerechten Forderungen der Konzernmitarbeiter:innen und versuchen, eine gute Beziehung mit den Gewerkschaften zu pflegen. Das beginnt mit dem eigenen Beitritt zur Gewerkschaft!

Leider sind die hiesigen Gewerkschaften in den multinationalen Konzernen durch die Automatisierung und das Outsourcing der Produktion geschwächt. In der Basler Chemie, einst eine Hochburg der Gewerkschaften, unterstehen nur noch wenige Arbeiter:innen dem Gesamtarbeitsvertrag. Viele Konzernmitarbeitende unterstehen dem Einzelarbeitsvertrag und verstehen sich nicht als Arbeiter:innen, obwohl sie oft nicht mehr verdienen. Das hat die gewerkschaftliche Organisation in den Betrieben geschwächt. Die grösste Gewerkschaft der Schweiz, die Unia, hat ihren Schwerpunkt in der Baubranche und nicht in den multinationalen Konzernen. Sie engagiert sich aber regelmässig für fortschrittliche Projekte wie den Klimastreik, den Feministischen Streik oder die Konzernverantwortungsinitiative. Die Unia hat eine interne Kommission, die sich mit internationaler Solidarität befasst.

Wenn es in der Konzernkritik um Fragen der Ausbeutung oder der gesundheitlichen Gefährdung von Arbeiter:innen im Globalen Süden geht, sollte unbedingt Kontakt mit den Gewerkschaften aufgenommen werden, um die Anliegen vorzustellen.

Eine gute Adresse ist: www.unia.ch/de/kontakt

### Die Drohung mit dem Wegzug

Die multinationalen Konzerne und die bürgerlichen Parteien antworten auf Konzernkritik oft mit der Drohung des Wegzugs und dem damit verbundenen Verlust an Unternehmenssteuern und Arbeitsplätzen in der Region. Meist ist das eine leere Drohung.

So liesse sich zwar der Steuerhauptsitz und die Holding von Novartis und Roche mit riesigen Projekten verschieben. Damit sich ein solcher Umzug lohnen würde, müsste man ihnen aber zuvor sehr grosse Steine in den Weg legen, viel grössere Steine, als eine Aktivist:innen-Gruppe sie heute zu stemmen vermag. Der Forschungs- und Entwicklungsstandort liesse sich sowieso nur über Jahrzehnte hinaus verschieben.

Novartis, Roche oder Nestlé bestehen eben nicht nur aus dem Management und dem Eigenkapital, sondern aus Tausenden von Menschen, die oft ein ganzes Leben lang für das Unternehmen arbeiten. Die Kritik an Management und Aktionariat muss mit dem tiefen Respekt vor denjenigen beginnen, die diesen Reichtum erst geschaffen haben. Die Drohung mit dem Wegzug ist eine ungeheuerliche Respektlosigkeit ihnen allen gegenüber.

Es gibt allerdings Konzerne, die so wenig in der Region verankert sind, dass sie ziemlich einfach wegziehen könnten. Ihre Mitarbeitenden sind überwiegend Expats. Dazu gehören die Rohstofftransithändler Glencore, Vitol, Trafigura u.a. Diese Konzerne sind wirtschaftlicher Treibsand und stellen ein Reputationsrisiko für die Schweiz dar, denn sie zeichnen kein nachhaltiges Bild der Schweizer Wirtschaftspolitik.

### Klimakonversion und Fazit

Nicht für alle Industrien und Konzerne gibt es eine Zukunft. Die Rüstungsindustrie etwa muss abgeschafft werden. Vielleicht gibt es ein technisches Know-How, das anderswo gebraucht werden kann. Schwerter zu Pflugscharen!

Die Klimakrise wird die Gesellschaft zu einer Transformation weg von den fossilen Energien zwingen, in der ganze Industrien verschwinden oder radikal umstrukturiert werden müssen. Längerfristig führt – gerade auch wenn man die Entwicklungen auf dem Gebiet der Künstlichen Intelligenz bedenkt – nichts an einer 30-Stundenwoche für alle vorbei, wobei dies eine Chance darstellt, wie Arbeitsplätze neu verteilt und der Begriff der Arbeit neu gedacht werden können.

Grundsätzlich gilt für unsere Kampagne: Wir informieren uns, wo die Konzernmitarbeitenden arbeiten, die wir für unsere Sache gewinnen wollen. Beim Aufbau unserer Kampagne binden wir Partnerorganisationen und Expert:innen mit ein, die unser Anliegen unterstützen. Besonders halten wir Ausschau nach betroffenen Gewerkschaften. Ebenso haben wir ein Augenmerk auf Konversionsstrategien für die kritisierten Branchen und Konzerne.

Kontakt mit Betroffenen

# Recherche vor Ort

**Wie recherchieren wir vor Ort? Was gilt es zu beachten, wenn wir mit Menschen, die direkt von den Konzernaktivitäten betroffen sind, in Kontakt kommen? Orte, an denen ein Konzern aktiv ist, können uns weiterführende Informationen liefern: Wir bekommen beispielsweise einen besseren Eindruck, wie die Stimmung unter den Arbeiter:innen ist. Wichtig ist es jedoch, dass ein maximaler Schutz für alle Beteiligten gilt.**

Simone Wasmann, Kampagnenverantwortliche bei Solidar Suisse

Je nach Ort der Konzerntätigkeit ist der Zugang zu Betroffenen nicht einfach. Vielfach befinden sich Tochterunternehmen oder Zulieferer in anderen Weltregionen und dort oft in abgelegenen Gebieten. Das stellt uns als Recherchierende vor verschiedene Herausforderungen.

### Sich mit Betroffenen in Verbindung setzen
Zuerst ist es wichtig herauszufinden, wer überhaupt zu den Betroffenen zählt: Geht es um Landrechtsfragen oder Umwelt-

verschmutzung, sind es meist Dorfgemeinschaften in der Umgebung. Handelt es sich um arbeitsrechtliche Fragen, sind es die Angestellten selbst.

Je nachdem, wo das Unternehmen tätig ist, verstehen und sprechen wir möglicherweise die lokale Sprache. Doch Vorsicht: Manchmal benutzt die lokale Bevölkerung nicht die offizielle Landessprache, sondern spricht eine eigene Sprache oder einen lokalen Dialekt. Eventuell braucht es eine:n Übersetzer:in. Auch wenn man die Sprache beherrscht, ist es keine gute Idee, unvorbereitet aufzutreten. Man muss sich bewusst sein, dass die Situation vor Ort gefährlich sein kann für die Arbeiter:innen – aber auch für uns, etwa wenn private Sicherheitskräfte nicht vor Gewaltanwendung zurückschrecken. Wir stellen daher sicher, dass wir bereits aus der Schweiz einen oder mehrere lokale Kontakte herstellen. Diese helfen uns als Mittelsmänner oder -frauen. Wir klären vor der ersten Kontaktaufnahme ab, welche sicheren Kommunikationswege bestehen, und sind vorsichtig bei der Nennung von Namen.

### Kontakt mit den Arbeiter:innen vor Ort

Wenn wir Kontakte zu den Arbeiter:innen knüpfen, stellt sich uns ein doppeltes Hindernis. Zum einen leben die Arbeitnehmer:innen oft abgeschirmt auf dem Firmengelände – beispielsweise einer Plantage. Zum anderen steht häufig die Angst vor der Entlassung im Raum. Hier sind Mittelsmänner und -frauen unerlässlich. Lokale Gewerkschaften können diese Rolle übernehmen. Wir achten jedoch darauf, nicht einer sogenannten *yellow union*[1] zu vertrauen. Wir informieren uns beispielsweise bei internationalen Gewerkschaftsverbänden über die Unabhängigkeit der lokalen Gewerkschaft. Der Zugang zu einem Firmengelände kann aber auch über andere Wege erfolgen, so zum Beispiel über eine Lehrperson, die auf der Plantage Kinder unterrichtet, oder ein:e Mediziner:in, der:die Gesundheitschecks durchführt.

### Nutzen und Erwartungen

Wir werden uns klar darüber, welchen konkreten Nutzen wir den Betroffenen bieten können und welchen nicht. Es ist wichtig, mit unseren Kontakten darüber zu sprechen und falsche Erwartungen oder Versprechen zu vermeiden. Oft kann auch bereits das Vernetzen unter Betroffenen und der Kontakt zu konzernkritischen lokalen Akteur:innen eine grosse Unterstützung sein.

### Zusammenarbeit mit lokalen Organisationen
Oft gibt es neben den eigentlichen Betroffenen auch einen Kreis von Journalist:innen, NGOs oder Jurist:innen vor Ort, die sich mit dem Fall beschäftigen. Wir beginnen mit einer Online-Recherche. Medienartikel oder auch Twitter können erste Aufschlüsse zu lokal tätigen NGOs, Aktivist:innen oder Menschenrechtsanwält:innen geben. Wir versuchen herauszufinden, welche Rolle sie in der Sache spielen. Bevor wir Kontakt aufnehmen, können wir bei schweizerischen oder internationalen NGOs, die bereits auf dem Gebiet tätig sind, nachfragen.

Nicht vergessen: Die lokalen Organisationen kennen die Situation besser; sie werden auch noch dort sein, wenn wir wieder abgereist sind. Wir halten uns stets an ihre Risikoanalyse und geben Acht auf Nuancen in der Kommunikation. Ein Nein wird nicht überall direkt und offen ausgesprochen. Wir drängen nicht auf Dinge und sind vorsichtig mit Vorschlägen, die Risiken beinhalten. Denn wir könnten die Menschen, die uns einen Gefallen tun wollen, in Gefahr bringen.

### Was es zu beachten gilt – wer, wie, wo!
Es braucht Zeit, um Vertrauen aufzubauen, damit uns heikle Informationen weitergegeben werden. Es ist wichtig, wer mit wem spricht, um an zuverlässige Informationen zu gelangen. Wollen wir etwas über sexuelle Gewalt in Erfahrung bringen, ist eine männlich gelesene Person als Befrager die falsche Wahl. Wir stellen keine impliziten oder suggestiven Fragen. Dadurch verhindern wir, dass wir vermitteln, was wir hören möchten und dass uns aus Gefälligkeit etwas Falsches erzählt wird. Wir bezahlen unsere Informant:innen niemals für ihre Informationen, doch wir ersetzen Ausgaben wie etwa Reisekosten, die sie für ein Interview ausgeben.

Oft können Betroffene nicht bei der ersten Begegnung offen sprechen, denn vielleicht gehört eine Person in der Gruppe der Arbeiter:innen dem Management an oder die Dorfgemeinschaft ist selbst gespalten, wie mit einem Problem umgegangen werden soll.

Deshalb achten wir darauf, sichere Orte für die Kommunikation zu finden. Wir geben den Menschen, die wir treffen, die Möglichkeit, uns später zu erreichen. Je nach Situation tun wir dies unauffällig oder indem wir Flyer an alle verteilen. Unsere Handynummer geben wir jedoch nur gezielt an einzelne Personen weiter.

## Umgang mit Informationen und Beweisen

Es ist wichtig, alles gut zu dokumentieren. Wir machen uns Notizen, nehmen Gespräche auf und machen Fotos. Es gilt gleichzeitig sicherzustellen, dass unser:e Interviewpartner:in damit einverstanden ist. Wo nötig, anonymisieren wir. Zitate mit Namen oder Fotos mit erkennbaren Gesichtern sollten niemals ohne das Einverständnis der Person verwendet werden. Das heisst auch, dass wir transparent darüber sind, welchen Zweck wir mit den Informationen verfolgen und welchen Nutzen die informierenden Personen daraus ziehen können; aber auch welche Tragweite eine Beteiligung an der Recherche für die jeweiligen Personen haben. Denn ein veröffentlichter Report kann auch weitab der Schweiz zu negativen Konsequenzen führen.

Wir versuchen zusätzlich zu den Aussagen der Betroffenen weitere Beweise zu finden. Das heisst, wir machen beispielsweise Fotos von Verträgen, Lohnzetteln, beschädigtem Equipment, Pestizidbehältern oder Abwasserleitungen, die direkt in den örtlichen Fluss münden. Auch diese Informationen werden nur mit Zustimmung verwendet.

Wir denken daran, die Interessen der Betroffenen zu jedem Zeitpunkt zu schützen. Die Interessen der Betroffenen können erst durch Gespräche mit ihnen eruiert werden. Es gilt den Fehler zu vermeiden, zu glauben, wir wüssten (besser), was in ihrem Interesse ist.

### Verdeckte Recherche

An manchen Orten gestaltet sich der Zugang so schwer, dass sich die Frage nach einer verdeckten Recherche stellt – etwa, dass sich eine Person gezielt beim Unternehmen anstellen lässt. So eine Person muss jedoch unauffällig sein, sprich: Meistens muss ein:e lokale:r Rechercheur:in gefunden werden. Diese Form der Recherche ist äusserst heikel und sollte nur nach sorgsamer Abwägung angewandt werden. Der recherchierenden Person drohen schwerwiegende rechtliche Konsequenzen. In vielen Ländern fallen solche Recherchen unter Spionage und werden schwer bestraft. Es braucht daher ein gutes Risiko-Management mit einem klaren Sicherheitsprotokoll. In diesem Sicherheitsprotokoll wird folgendes festgehalten: was bei Auffliegen der Person geschieht; wie der Schutz von betriebsinternen Informant:innen gewährleistet wird. Denn in diesem Fall kann aus ersichtlichen Gründen kein klares Einverständnis gegeben werden.

### Wie erhalte ich vor Ort Informationen über Zulieferer?

Die Lieferkette eines Unternehmens ist oftmals intransparent. Dennoch lohnt sich eine Onlinerecherche, da einige Unternehmen Zulieferlisten veröffentlichen oder dies in der Vergangenheit getan haben und die Listen in den Tiefen des Internets noch auffindbar sind. Auch Websites von Zulieferern verraten manchmal etwas über ihre Kund:innen. Wenn also erste Anhaltspunkte bestehen, lohnt sich dieser Weg.

Findet sich nichts im Internet, ist die Recherche vor Ort der einzige Weg. Oft wissen die Arbeiter:innen in Fabriken, an welche grossen Marken ihre Ware geht. Lokale Gewerkschaften verfügen hier meistens über mehr Informationen. Bei Rohstoffen ist es aber auch oft so, dass es keinen anderen Weg gibt, als die Rohstoffe physisch zu verfolgen, etwa indem man auf einem Mofa einem Truck hinterherfährt.

### Hilfe bei der Konkurrenz

Gerade weil Arbeiter:innen oder lokale Gemeinschaften von Unternehmen abhängig sind, ist es für sie leichter, über Probleme bei Konkurrenzunternehmen zu sprechen. Es lohnt sich daher manchmal, sich in der Nähe umzuhören. Sie geben möglicherweise Anhaltspunkte, wo genauer hingeschaut werden sollte.

# Anleitung zum Einmischen

Wie treten wir mit dem Konzern in Kontakt? Welche Art der Kommunikation ist zielführend? Worauf sollten wir verzichten? Für eine Kampagne oder eine Recherche haben wir verschiedene Informationsquellen. Eine naheliegende, aber nicht ganz so einfach erschliessbare Quelle ist der Konzern selbst.

Alex Tiefenbacher, Autorin beim Onlinemagazin *das Lamm*

Vor ein paar Jahren warb der Modekonzern C&A mit #BestDeal – doch ist es wirklich für alle ein guter Deal, wenn ein T-Shirt für 4 Franken über den Ladentisch wandert? Wieso verkauft die Migros im Sommer Nelken aus Kenia? Und können Zigarettenfilter voller Nikotin wirklich biologisch abbaubar sein – so wie es das Label auf der Verpackung verspricht? Obwohl die Widersprüche manchmal auf der Hand liegen, gehört es zu einer Recherche dazu, diejenigen zu kontaktieren, die diese Widersprüche wohl am besten erklären könnten: die Migros, C&A oder eben den Filterproduzenten OCB.

Doch Können und Wollen sind bekanntlich zwei Paar Schuhe. Manchmal schreiben die Firmen gar nicht zurück, manchmal nur Einzeiler. Andere Male sind die E-Mails gefüllt mit geschliffenen Sätzen aus der Presseabteilung und darum kaum zu entziffern. Es ist also gar nicht so einfach, an Informationen zu kommen – egal, ob für eine aktivistische Kampagne oder eine journalistische Recherche.

Als Journalistin habe ich in den letzten dreizehn Jahren nicht nur die Migros, C&A oder OCB mit Widersprüchen konfrontiert, sondern auch viele andere Firmen. Dabei habe ich gelernt, wie man Konzernen Informationen abringt, die sie nicht unbedingt preisgeben wollen.

### Schritt ①: Was interessiert mich?

Bevor wir dazu kommen, eine Frage zu stellen, müssen wir logischerweise zuerst wissen, was wir überhaupt wissen möchten. Die beste Inspirationsquelle: der eigene Alltag. Es ist kaum zu glauben, wie viele grosse und kleine Fragen auftauchen, wenn wir uns die Produkte und Werbungen in unserem Umfeld genauer anschauen.

Ist dir zum Beispiel schon einmal aufgefallen, dass fast alle sauer eingelegten Maiskölbchen[2] in unseren Regalen aus Indien kommen? Wie stellen die Detailhändler sicher, dass die Minimais-Bäuer:innen gut bezahlt werden? Wie können sie garantieren, dass auf diesen Feldern keine Pestizide eingesetzt werden, die schädlich für Mensch und Umwelt sind?

Wir wollen mehr Infos über eine Firma, die uns ihre Produkte verkauft? Glaubt mir: Glas umdrehen, Verpackung anschauen, Informationen googeln und der Einstieg in die Kampagne ist schon halb geschafft. Das geht natürlich nur mit Firmen, von denen Müsliriegel, Shampoos und Co. bei uns in den Regalen stehen. Bei Firmen, die weiter vorne in der Produktionskette liegen, funktioniert das nicht.

Wir werden kaum je ein Produkt des Rohstoffgiganten Glencore oder des Ölunternehmens Gunvor in den Händen halten. Das Business dieser Firmen erreicht unsere alltägliche Lebenswelt nur selten. Umso wichtiger ist es, dass wir auf Kontakte zu Betroffenen vor Ort zurückgreifen können. Und oft kommen wir bei diesen Konzernen nicht darum herum, die firmeneigenen

Nachhaltigkeitsberichte und PR-Videos zu sezieren, nur schon um die richtigen Fragen stellen zu können.

### Schritt ②: Die richtige Frage finden

Eines darf nicht vergessen werden: Herauszukristallisieren, was wir eigentlich wissen wollen, ist bereits Teil der Recherche. Natürlich könnten wir Nestlé und Co. fragen, weshalb sie so kapitalistisch unterwegs sind oder ob es sie nicht stört, dass sie von kolonialistischen Strukturen profitieren. Die Antworten auf diese Fragen wären aber so nichtssagend wie unbrauchbar. Recherche ist Arbeit im Detail. Bereits bei der Suche nach der richtigen Fragestellung müssen wir tief in die Details eintauchen, um die Frage zu finden, die das Problem auf den Punkt bringt. Deshalb: Nehmen wir uns Zeit dafür.

    Gleichzeitig ist bei der Suche nach den richtigen Fragen und Adressat:innen auch immer ein bisschen Glück mit dabei. Ein Beispiel: In der Modebranche könnte wohl mehr oder weniger jede Firma wegen schlechten Arbeitsbedingungen in den Produktionsstätten angeprangert werden. Der Modekonzern C&A fiel aber vor einiger Zeit mit einer Werbekampagne auf, die einen guten Grund lieferte, wieder einmal genau bei diesem Thema nachzufragen. Denn unter dem Hashtag #BestDeal hat der Konzern Shirts für 4 Franken angeboten. Die Frage, die ich C&A damals stellte[3]: «Kriegt ihr da genug Geld rein, damit es wirklich für ALLE ein guter Deal ist? Wieviel verdienen die Näher:innen dieser Shirts?».

    Die ehrliche Antwort auf diese Frage wäre natürlich gewesen: «Nein, wir kriegen so nicht genug Geld rein und der Hashtag gilt natürlich nur für die privilegierte Kundschaft in der westlichen Welt.» Dass C&A das niemals so schreiben würde, ist klar. Dass die Kommunikationsabteilung gezwungen ist, sehr gewagte PR-Pirouetten zu drehen, jedoch auch. C&A hat mit der Kampagne #BestDeal den perfekten Aufhänger geliefert, um über diesen Missstand zu berichten.

### Schritt ③: Die Frage richtig stellen

Wenn wir also die richtige Frage und die dazugehörige E-Mail-Adresse haben, geht es ans Formulieren der Frage. Hier gilt es, eine nicht ganz einfache Balance zwischen konkret und offen zu finden. Die kriegen wir nur dann hin, wenn wir uns selbst bereits gut informiert haben.

Bevor wir uns überhaupt an die Formulierung einer Frage setzen, versuchen wir deshalb, uns die Frage selbst zu beantworten. Nehmen wir nochmals die Drehfilter[4] von OCB als Beispiel, die anscheinend biologisch abbaubar sein sollen. Nach ein wenig Recherche haben wir herausgefunden, dass hinter dem Begriff «biologisch abbaubar» eine DIN-Norm steckt. Nach dieser Norm bedeutet «biologisch abbaubar», dass sich ein Material nach einer festgeschriebenen Zeit unter definierten Temperatur-, Sauerstoff- und Feuchtebedingungen in der Anwesenheit von Mikroorganismen oder Pilzen zu mehr als 90 Prozent zu Wasser, Kohlendioxid und Biomasse abbaut. Wofür das «biologisch abbaubare» Material genau eingesetzt wird, wurde zumindest damals von dieser DIN-Norm nicht erfasst.

Sprich: Der Filter ist zwar ungeraucht nach DIN-Norm «biologisch abbaubar». Wird er aber dafür eingesetzt, wofür er verkauft wird – nämlich um damit Tabak zu rauchen – besteht er zu einem Grossteil aus Giften wie Teer und Nikotin, die dann logischerweise nicht mehr nach DIN-Norm «biologisch abbaubar» sind.

Wichtig: Diese Infos helfen uns, die Frage richtig zu formulieren. In der Fragestellung haben sie aber nichts verloren. Die Frage an OCB stellte ich schliesslich so:

> *«Guten Tag liebe OCB, ich kaufe eure Produkte gerne. Kürzlich bin ich auch auf die OCB EcoPaper Filter umgestiegen, da es mir sinnvoll erscheint, auch beim Rauchen die ökoverträglichste Variante zu wählen (auch wenn Rauchen an und für sich halt nicht so gut ist ;-). Nun hätte ich aber eine Frage: Auf der Verpackung steht, die Filter zersetzen sich auf natürliche Weise. Bezieht sich das auf die ungerauchten Filter oder die gerauchten Filterstummel?»*

Wieso schreibe ich OCB nicht direkt, dass das mit dieser DIN-Norm bei Zigarettenfilter doch einfach Quatsch ist? Das hat zwei Gründe. Erstens: Klugscheisser:innen sind selten beliebt und kriegen dementsprechend weniger oft eine Antwort. Zweitens lasse ich dem Unternehmen so mehr Raum für Erklärungen, mit denen ich noch gar nicht gerechnet habe – und die können spannend sein.

Bei OCB klang das dann so:

> *«Die Schadstoffe machen ca. 10 Prozent des Gesamtgewichts des Filters aus. Die biologische Abbaubarkeit unserer Organic und Unbleached Filter bleibt unverändert bestehen. Bitte haben Sie Verständnis dafür, dass wir nur für unsere Produkte sprechen können. Der Umwelt zu Liebe sollten Sie Ihre Zigarettenreste jedoch auch weiterhin verantwortungsbewusst in den Müll werfen.»*

Eine Antwort, der nicht mehr viel hinzuzufügen ist, weil sie sich durch Widersprüchlichkeit gleich selber entblösst.

### Schritt ④: Die Chance auf eine Antwort erhöhen

Doch eine Frage besteht ja nicht nur aus dem Inhalt, sondern auch aus der Form. Wir können sachlich oder emotional schreiben. Ausführlich oder kurz. Wütend oder freundlich. Als Journalistin habe ich eine gewisse Macht: Geben die Firmen mir keine Antwort, ist das zwar ärgerlich, aber ich kann in meinem Artikel immerhin schreiben, dass das Unternehmen keine Stellung beziehen wollte – was wiederum ein schlechtes Licht auf das Unternehmen wirft. Als Nicht-Journalist:in fehlt einem dieser Hebel. Umso wichtiger ist es, in Gedanken kurz die Perspektive zu wechseln und darüber nachzudenken, wieso uns ein Konzern überhaupt eine Antwort geben sollte.

Der erste Grund ist simpel: weil wir nett sind. Auch wenn es gute Gründe dafür geben mag, nicht die freundlichste E-Mail aller Zeiten zu schreiben, lohnt es sich aus pragmatischen Gründen, nett zu bleiben. Denn sympathische Menschen kriegen eher Antwort als Zyniker:innen.

Ich selber habe die besten Erfahrungen mit einem Mix aus Freundlichkeit und etwas Naivität gemacht. Mit etwas tapsigen Fragen kommst du eher an die gewünschten Informationen als mit hyperintellektuellen Formulierungen. Es kann manchmal nicht schaden, vom Gegenüber ein wenig unterschätzt zu werden. In 90 Prozent der Fälle stelle ich meine Anfrage via E-Mail, weil mir das dort am besten gelingt.

Einen zweiten Machthebel haben wir alle in der Hand: Wir sind Konsument:innen. Es schadet nicht, wenn wir in unserer E-Mail an Coop, Nestlé oder UBS erwähnen, dass wir grundsätzlich zu ihren zufriedenen Kund:innen zählen. Vor allem, wenn wir unser Anliegen an den Kund:innenservice schicken. Fragen wir hingegen bei der Pressestelle oder einer zuständigen Abteilung direkt nach, ist diese Nummer natürlich wenig glaubwürdig.

Egal wohin wir unsere Anfrage schicken: Machen wir uns darauf gefasst, dass wir allenfalls mehrmals nachfragen müssen, bis wir eine Antwort bekommen. Und auch hier gilt: Wer nett bleibt, bekommt eher eine Antwort. Dazu noch ein ganz praktischer Tipp: Wenn wir Firmen über ein Kontaktformular anschreiben müssen, dann schicken wir immer auch eine Kopie der Anfrage an uns selbst. Ansonsten haben wir ein paar Wochen später keine Ahnung mehr, was wir in der ersten Kontaktaufnahme geschrieben haben.

Faustregel für die Form: lieber freundlich und naiv als gekünstelt, förmlich oder aggressiv.

### Schritt ⑥: Die Antwort entziffern

Nicht immer sind Antworten so offensichtlich entblössend wie bei OCB. Bei der Antwort vom Modekonzern C&A musste ich die E-Mail mehrmals lesen, bis ich den Skandal fand. Der Grund: ein verdrehtes Wording.

C&A schrieb mir auf meine Frage zum #BestDeal Folgendes zurück:

> *«Sämtliche Produktionsstätten unserer Lieferanten müssen die vertraglich bindenden Regeln unseres Verhaltenskodex einhalten. Das gilt auch für unsere #BestDeal-Produkte. So schreibt der Verhaltenskodex die Zahlung des Mindestlohns verpflichtend fest. Da die Zahlung des gesetzlichen Mindestlohns in unserem Verhaltenskodex zu den Zero Tolerance Regeln zählt, behalten wir uns vor die Zusammenarbeit mit einem Lieferanten zu beenden,*

> *sollte der gesetzliche Mindestlohn und weitere Anforderungen des Verhaltenskodex nicht erfüllt werden. Gleichzeitig arbeiten wir mit NGOs, Regierungsorganisationen, Gewerkschaften und anderen Händlern zusammen, um den Dialog der Sozialpartner vor Ort zu fördern und dabei zu helfen, die Grundlage für existenzsichernde Löhne zu schaffen.»*

Dass in dieser Antwort nebst ganz viel Pressedeutsch eine total krasse Aussage steckt, wird erst klar, wenn die Aussage umgekehrt wird. Dass C&A mit den Sozialpartner:innen daran «arbeiten» würde, «existenzsichernde Löhne» zu bezahlen, heisst auch Folgendes: Im Moment bezahlt C&A keine existenzsichernde Löhne. In dieser Antwort gibt C&A zu, dass die Menschen, die diese Billig-Shirts zusammennähen, nicht von ihrer Arbeit leben können. Doch erst, wenn diese Aussage von der ganzen Marketingsprache rundherum befreit wird, kommt ihre tatsächliche Tragweite zum Vorschein.

Bei anderen Antworten ist es nicht nur die Pressesprache, die es uns erschwert, zu einem Schluss zu kommen, sondern die tatsächliche Komplexität einer Sachlage. Beispielsweise hat mir die Migros auf die Frage mit den Nelken[5] Folgendes geantwortet:

> *«Spraynelken entsprechen einem grossen Kundenbedürfnis, weil sie durch ihre Blütenpracht in der Vase sehr lange blühen. Weil die kenianische Produktion insbesondere in Bezug auf die Nachhaltigkeit sehr fortschrittlich ist – so stammen die Blumen ganzjährig aus Gewächshäusern ohne Heizung – wird diese Blume in Europa nicht mehr kultiviert.»*

Kann die Produktion in Kenia tatsächlich nachhaltiger sein, obwohl die Nelken per Flugzeug in die Schweiz kommen? Könnte die Migros nicht einfach keine Nelken verkaufen, wenn es keine heimische Produktion gibt? Würden damit wertvolle Arbeitsplätze in Kenia verloren gehen? Manchmal sind vermeintlich einfache Fragen viel komplizierter, als sie auf den ersten Blick erscheinen. Es lohnt sich dann aber besonders, dran zu bleiben.

Auch wichtig: Bleiben wir kritisch. Und zwar vor allem gegenüber uns selbst. Gerade dann, wenn alles so aussieht, wie wir es erwartet haben, müssen wir vor allem eines tun: Gegen uns selber recherchieren. Nur so können wir uns sicher sein, dass wir das ganze Bild sehen und die Fakten richtig einordnen. Es hilft weder uns noch der Kampagne, wenn im Nachhinein herauskommt, dass eine Bagatelle zu einem Skandal gemacht wurde oder gewisse Fakten nicht ganz stimmen.

### Schritt ⑥: Wo finde ich eine Öffentlichkeit?
Was machen wir, wenn wir uns durch diese Komplexität durchgekämpft haben? Wenn wir den Skandal aus dem PR-Wording rausseziert haben? Dann brauchen wir Öffentlichkeit. Diese fängt schon beim Gespräch mit unseren Freund:innen an. Aber auch über unsere Social-Media-Profile gelangen wir an Öffentlichkeit.

Wenn wir denken, dass mehr hinter der Antwort steckt, können wir auch eine Redaktion kontaktieren und sie fragen, ob sie das Thema aufgreifen möchten. Zumindest beim Onlinemagazin *das Lamm* freuen wir uns sehr über Themenvorschläge aus dem Kreis unserer Leser:innen.

# ③ Den Konzern verstehen

55 Geschäftsfelder verstehen
# Der Konzern und seine Tätigkeiten

---

63 Produkte und Prozesse verstehen
# Die Geschäfte eines Konzerns

---

68 Finanzierung von Unternehmen
# Follow the money

---

78 Geschäftsberichte lesen und verstehen
# Know your enemy

Geschäftsfelder verstehen

# Der Konzern und seine Tätigkeiten

Was sind die genauen Tätigkeiten innerhalb eines Konzerns? Wozu nützt uns dieses Wissen? Aller Anfang ist schwer. Die Wirtschaft ist heute äusserst arbeitsteilig geworden und wer einen Konzern kritisieren will, kommt nicht darum herum, vorab ein präzises Verständnis dafür zu entwickeln, in welchen Geschäftsfeldern dieser aktiv ist. $CO_2$- und andere Umweltbelastungen, Gesundheitsgefahren für Mitarbeitende, Kinderarbeit oder schlechte Arbeitsbedingungen sind bestimmten Geschäftsfeldern oft eigen.

Arbeitsgruppe MultiWatch

### Liste der Geschäftsfelder
Zuerst fragen wir uns, in welchen Geschäftsfeldern der Konzern aktiv ist, für den wir uns interessieren. Ein Geschäftsfeld ist ein

abgegrenztes Aufgabengebiet, meistens eine Produktgruppe. Viele Schweizer Konzerne haben verschiedene Geschäftsfelder, in denen unteschiedliche Kund:innen bedient und verschiedene Technologien und Fähigkeiten gebraucht werden.

Ein guter Anfang ist ein Blick ins Handelsregister. Für Syngenta beispielsweise lassen sich im Basler Handelsregister zwei Einträge finden. Einerseits gibt es einen Eintrag der Syngenta AG, der Holding-Gesellschaft. Spannender für unser Aufklärungsvorhaben ist jedoch jener der Syngenta Crop Protection, die 2017 auch die Syngenta Seeds übernommen hat. Dieser Text ist bestimmt intensiv von Management und Jurist:innen diskutiert worden. Eine Textexegese lohnt sich deshalb.

Syngenta Crop Protection schreibt:

> *«Der Zweck der Gesellschaft ist: a) die Erforschung, Entwicklung, Fabrikation und der Vertrieb von Produkten und Methoden für die Produktion von Nahrungsmitteln und Fasern, für die Erzeugung und Erhaltung von Zierpflanzen aller Art sowie für andere Anwendungsbereiche des chemischen und biologischen Pflanzenschutzes, die Forschung, die Fabrikation und der Vertrieb im Bereich von Saatgut, Pflanzen, Pflanzenteilen und Pflanzenprodukten, einschliesslich der Pflanzenbiotechnologie, und von verwandten Produkten sowie die Erbringung von damit in Zusammenhang stehenden Dienstleistungen; b) der Erwerb, die Veräusserung und die Verwaltung von Beteiligungen aller Art, insbesondere in Bezug auf Unternehmen mit gleichartigen oder ähnlichen Zwecken im In- und Ausland; c) die Erbringung von Finanzdienstleistungen aller Art für Konzerngesellschaften im In- und Ausland. Die Gesellschaft kann insbesondere bei Dritten Mittel aufnehmen und zu Gunsten anderer Konzerngesellschaften Sicherheiten bestellen und Garantien abgeben.»*

Aus diesem kurzen Text geht hervor, dass sich Syngenta mit chemischem und biologischem Pflanzenschutz, mit Saatgut inklusive Pflanzenbiotechnologie und anderen Dienstleistungen in diesem Zusammenhang beschäftigt. Zudem betreibt der Konzern ein Geschäft mit Beteiligungen an ähnlichen oder gleichartigen Unternehmen und erbringt Finanzdienstleistungen für Konzerngesellschaften.

Folgende Geschäftsfelder wurden identifiziert:
- Chemischer und biologischer Pflanzenschutz
- Saatgut inklusive Pflanzenbiotechnologie
- Geschäft mit Beteiligungen
- Finanzdienstleistungen für Konzerngesellschaften

Aus den Aussagen zu Beteiligungen und Finanzdienstleistungen kann gefolgert werden, dass es sich hier um einen Konzern handelt, und zwar einen multinationalen, der auch Konzerngesellschaften im Ausland hält.

An diesem Punkt sollten wir Überlegungen anstellen, welche dieser Geschäftsfelder für unser politisches Anliegen besonders wichtig sind. Wenn das Interesse besonders auf der Übernahmepolitik liegt, sollten wir versuchen, viel über das Geschäftsfeld «Geschäft mit Beteiligungen» herauszufinden.

Nehmen wir an, die Aktivist:innen-Gruppe entscheidet sich dazu, die Konzernaspekte vorerst nicht weiter zu vertiefen und sich auf die Geschäftsfelder Pflanzenschutz und Saatgut zu konzentrieren.

Nach unseren Erfahrungen sind Verstösse gegen Menschenrechte oft typisch für einzelne Geschäftsfelder. Konkurrierende multinationale Konzerne treffen dabei oft dieselben sozialen Probleme an und verstricken sich in ähnliche Menschenrechtsverletzungen. So stiess etwa Bayer (ex-Monsanto) vielerorts auf dieselbe Kritik, die auch gegen Syngenta erhoben wird. Vorwürfe wegen Kinderarbeit in der Lieferkette sind in der Landwirtschaft in armen Ländern typisch. In den Soja-Gebieten in Argentinien und Paraguay werden Monsanto-Bayer und Syngenta-ChemChina oft mit denselben Vorwürfen konfrontiert. Für das Verständnis der Geschäftsfelder macht es deshalb Sinn, Bücher und Berichte über die Konkurrenten unseres Konzerns zu studieren.

Für die beiden oben entdeckten Geschäftsfelder werden in unserer Gruppe zwei Untergruppen gebildet. Es stellt sich nämlich heraus, dass wir unterschiedliches Knowhow brauchen und unterschiedliche Kampfgefährt:innen in der Schweiz und im Globalen Süden haben. Über Pestizide kann man sich beim «Pesticide Action Network» (PAN) informieren. Über Saatgut kann viel von der Organisation «Biorespect» gelernt werden. Weil Syngenta der grösste Pestizidhersteller der Welt ist, beschliessen wir, zuerst möglichst viel über das Geschäftsfeld Pflanzenschutz zu lernen. Wir wollen insbesondere herausfinden, wo Opfer und Gegner:innen unseres Lieblingskonzerns zu finden sind, um sie an den nächsten «March against Bayer und Syngenta» nach Basel einzuladen.

### Verständnis eines einzelnen Geschäftsfeldes

Wir bleiben noch einen Moment beim Handelsregistereintrag von Syngenta Crop Protection. Was sogleich auffällt, ist, dass Syngenta nicht nur Produkte, sondern auch Methoden für die Produktion von Nahrungsmitteln, Fasern und Zierpflanzen als Marktleistung anbietet.

Die Produkte von Syngenta sind schnell auf einschlägigen nationalen Webseiten des Konzerns auffindbar. Es werden unterschiedliche Anwendungsgruppen von Herbiziden, Fungiziden und Insektiziden beschrieben. Was versteht der Konzern aber unter «Methoden»? Offensichtlich bietet Syngenta nicht nur Pflanzengifte, sondern auch ganze Konzepte an. Vielleicht versteckt sich dahinter auch das Geschäft mit der Digitalisierung der Landwirtschaft? Ein Blick auf Syngentas Webauftritt legt nahe, das Thema weiter zu vertiefen und sich bei der NGO «ETC Group» schlauer zu machen.

Als nächstes suchen wir die Webseiten und Dokumente des Konzerns nach den Kund:innen ab, die die Produkte kaufen sollen. Wir finden: Produzent:innen von Nahrungsmitteln, Produzent:innen von Fasern, Erzeuger:innen und Erhalter:innen von Zierpflanzen, andere Anwender:innen von Pflanzenschutz.

Die wichtigsten Kund:innen von Syngenta sind zunächst einmal landwirtschaftliche Betriebe. Allerdings sind solche landwirtschaftlichen Betriebe weltweit äusserst unterschiedlich. Welche Produkte und Methoden verkauft Syngenta auch an kleinbäuerliche Betriebe, welche vor allem an industrielle Grossbetriebe? Lebt der Agrochemiekonzern tatsächlich vor

allem von brasilianischen und US-amerikanischen Soja- und Maisfarmen? Vorerst soll bei den Kund:innen die bäuerliche Landwirtschaft und die industrielle kapitalistische Landwirtschaft auseinandergehalten werden. Noch nicht klar ist, ob unter «Produktion von Nahrungsmitteln» neben der landwirtschaftlichen Produktion auch Betriebe der Nahrungsindustrie gemeint sind. Kann Nestlé auch ein Kunde von Syngenta sein? Das notieren wir auf unserer Liste der offenen Punkte.

Im Handelsregistereintrag werden neben Nahrungsmitteln auch Fasern erwähnt. Daraus lässt sich folgern, dass Syngenta in ihrer Fabrik in Monthey auch Insektizide und Fungizide für den Einsatz auf Baumwollfeldern verkauft. Insektizide von Syngenta kommen vielleicht auch in den Billig-T-Shirts vor, die Billigarbeiter:innen in Thailand für unsere Modeketten produzieren. Hat das schon jemand recherchiert? Hier liesse sich die «Clean Cloth Campaign» ins Boot holen. Synergien in den politischen Kampagnen wären denkbar.

Syngenta bedient nicht nur die Erzeuger:innen, sondern auch die Erhalter:innen von Zierpflanzen. Beim Studium des Handelsregistereintrags fällt uns auf, dass wir in der lokalen Landi-Filiale auch schon Pflanzenschutzmittel von Syngenta für den Hausgebrauch und den Garten bemerkt haben. Wir notieren uns: Woher kommen eigentlich die Zierpflanzen, die wir beim lokalen Detailhändler kaufen? Wie viel Pflanzenschutz und Gentechnik stecken da drin?

Schliesslich spricht Syngenta noch von «anderen Anwender:innen von Pflanzenschutz». Nach kurzem Googlen denken wir an die Bahngeleise der SBB, die Anlagen der Stadtgärtnerei und die Golfplätze der Top-Manager:innen. Wie es dort wohl mit Pestizidrisiken aussieht?

Mit den bisherigen Informationen lässt sich nun ein erster Entwurf für eine Matrix erstellen, in unserem Beispiel für das Geschäftsfeld Pflanzenschutz.

Mit unserer Marktleistungs-Kunde:innen-Matrix eröffnen sich viele Fragen. Natürlich müssen wir schon bekannte Problemfelder wie «Paraquat», «Atrazin», «Bienensterben» oder «Glyphosat» einordnen können. Welche Pflanzengifte des Konzerns kommen vor allem in der industriellen Landwirtschaft vor? Von welchen Kund:innen lebt der Konzern primär? Kennen wir den Unterschied zwischen bäuerlicher und industrieller Landwirtschaft und auf welche Definitionen wollen wir uns stützen? In welchen Ländern spielt der Nahrungsfaseranbau eine wichtige Rolle und welche Produkte von Syngenta werden vor allem auf den Baumwollfeldern in Indien ausgebracht?

Nach dieser ersten Orientierung ist es Zeit für unsere Gruppe, Prioritäten zu setzen. Geht es uns mehr um den Globalen Süden oder um die Trinkwasserbelastung des schweizerischen Mittellandes? Wollen wir das Thema der Pestizide im Hausgebrauch weiterverfolgen oder interessieren wir uns vor allem für die Privatisierung des Wissens durch die neuen Methoden der Agrarinformatik, die Anwohner:innen in der Nähe

# Marktleistungs-Kunden-Matrix für Geschäftsfeld Pflanzenschutz

**Marktleistungen (Produkte)**

|  | Insektizide | Fungizide | Herbizide | Methoden |
|---|---|---|---|---|
| Bäuerliche Landwirtschaft | | | | |
| Industrielle Landwirtschaft | | | | |
| Nahrungsfasernanbau | | | | |
| Blumenzucht und Gärtnereien | | | | |
| Andere Anwender:innen | | | | |
| Hausgebrauch | | | | |

**Kund:innen**

der industriellen Soja-Farmen in Argentinien oder die unzähligen Pestizid-Unfälle in den bäuerlichen Familienbetrieben? Wofür wollen wir gegen die mächtigen Konzerne auf die Strasse gehen?

Je nach Priorisierung werden wir andere Entscheidungen treffen und uns mit anderen Menschen und Gruppen vernetzen. Eine inhaltlich möglichst genaue Analyse erlaubt es uns jedoch, von Anfang an informiert aufzutreten und vor allem unsere Kontakte und unsere nächsten Schritte schlau zu planen.

Produkte und Prozesse verstehen

# Die Geschäfte eines Konzerns

Was produziert der Konzern? Welche Produkte stecken hinter den verschiedenen Namen? Wie können wir Produkte und Prozesse verstehen? Welche Risiken verstecken sich darin? Um die Anliegen der Arbeitenden und Konsument:innen sowie die gesundheitlichen und ökologischen Risiken des Geschäfts zu verstehen, brauchen wir Branchenspezifisches Knowhow. Teilweise eignen wir uns dieses an. Wir profitieren aber auch von unserem Netzwerk.

Arbeitsgruppe MultiWatch

### Produktkategorien und Brands verstehen
Konzerne mit grossen Marketing-Abteilungen geben sich Mühe, ihre Produktkategorien im Internet transparent zu machen. Nestlé ist hierfür ein Musterbeispiel. Auf der zentralen Webseite präsentiert der Konzern Produktkategorien wie «Babynahrung»,

«Flaschenwasser» und die jeweils zugehörigen Brands. Brands sind wichtig, weil man in der weiten Welt ausserhalb von Vevey «Nespresso» und «San Pellegrino» besser kennt als «Nestlé». Syngentas «Paraquat» wird unter dem Namen «Gramoxone» verkauft. Bäuerinnen und Bauern kennen die Brands, die auf den Etiketten stehen, oft besser als die Firma. Manchmal belassen die Konzerne sogar die im Markt eingeführten Brands übernommener Unternehmen. Syngenta-Saatgut-Produkte können so auch Hyvido, NK oder Golden Harvest heissen, weil Syngentas Vorläufer Ciba-Geigy diese Saatgutfirmen in den 1970er-Jahren übernommen hatte.

Die Syngenta Group publiziert auf ihrer Webseite eine Liste ihrer Produkte und deren Einsatzgebiete und Einsatzorte. Besonders interessant für uns ist, welche Produkte wichtig für das Unternehmen sind und in welchen Einsatzbereichen und Ländern sie bereits eingesetzt werden. Damit bekommen wir eine erste Ahnung, wo wir welche Konflikte vermuten können. Produktelisten gibt es auch auf den länderspezifischen Seiten. So können wir etwa recherchieren, in welchen Gebieten und auf welchen Pflanzen das giftige Paraquat eingesetzt wird.

### Produktbeschreibungen

Es lohnt sich, die Produktbeschreibungen genau zu lesen und sie mithilfe von Wikipedia oder anderen Lexika durchzuarbeiten. Mit der Zeit treffen wir so auch auf Begriffe wie «Abbrennmittel» oder «Pflanzenbeizmittel». Unser Verständnis der Branche wird dabei wachsen. Oft lohnt es sich, diese Begriffe auch in englischer oder – im Falle von Syngenta – in spanischer und portugiesischer Sprache zu notieren. Die Namen der Brands und die Fachbegriffe in der relevanten Fremdsprache können uns bei der Spurensuche helfen.

### Prozesse und Verfahren

Neben den Produkten sollten wir uns auch grundlegende Kenntnisse über die Besonderheiten der Prozesse und Techniken und Verfahren im Geschäftsbereich aneignen. Ohne solche Kenntnisse sind beispielsweise Aussagen über den Energiekonsum oder die Risiken für die Arbeitnehmenden kaum möglich. Wollen wir über Chemiekatastrophen eines Konzerns wie Syngenta diskutieren, ist es unumgänglich, die entsprechenden Grundbegriffe wie chemische Reaktion, Fermentation, Tablettierung, Destillation, Extraktion und Filtration zu verstehen. Die verschiedenen Geschäftsbereiche von Nestlé haben viel mit Lebensmitteltechnik zu tun, etwa mit Gefriertrocknen von Kaffee für Nescafé oder mit der Herstellung von Milchpulver. LafargeHolcim ist in Zement und Beton engagiert.

Der Königsweg ist es natürlich, Aktivist:innen zu finden, die bereits über Erfahrung und das nötige Knowhow verfügen.

Recherchiert man selbst weiter, finden sich grundsätzlich technische Grundlagen oft auf Webseiten von nationalen und/oder internationalen Branchenorganisation. Dazu gehört im Bereich der chemischen Industrie etwa die «Essential Chemical Industry – online»: www.essentialchemicalindustry.org.

In der Schweiz gibt es in vielen Unternehmen Lehrberufe, in denen solche Grundkenntnisse vermittelt werden. Chemie-Pharmatechnolog:innen sind dafür zuständig, dass die Fabrikationsanlagen und deren Produktion optimal funktionieren. Sie kennen die Produktionsabläufe. Grundbegriffe werden an der Berufsschule in Aarau gelehrt. Nestlé sucht Lebensmitteltechniker:innen oder Spezialist:innen in Süsswarentechnik. An der Zürcher Hochschule für Angewandte Wissenschaften ZHAW kann man ein Bachelorstudium in Lebensmitteltechnologie machen. In Wildegg kann man Baustoffprüfer:in als Beruf lernen.

Im besten Fall finden sich Lehrbücher oder andere Schulungsunterlagen. So gibt es etwa ein «Lehrbuch Lebensmittelchemie und Ernährung» von Ebermann und Elmadfa. Über Beton kann man sich in einem Lehrbuch von Peter Grübl, Helmut Weigler, Sieghart Karl: Beton – Arten, Herstellung, Eigenschaften. Ernst & Sohn, Berlin 2001 informieren.

### Schwachstellen der Konzerne ausnutzen

Spannend sind insbesondere Schulbücher oder Kapitel über Sicherheit und Umweltschutz in den Geschäftsprozessen. Seit der grossen Schweizerhalle-Brandkatastrophe von 1986 hat die Chemische Industrie ihre Anstrengungen bezüglich Sicherheit und Umweltschutz massiv verstärkt. Die daraus entstandenen Schulungsunterlagen können ebenfalls Hinweise auf Produktionsrisiken geben. Ähnlich ist es mit der Lebensmitteltechnologie, in der die grossen Konzerne viel Ausbildungsaufwand in Sicherheit gesteckt haben. In der Betonwerken von LafargeHolcim ist die Reduktion des enormen $CO_2$-Ausstosses ein Problem, in der Chemieproduktion vor allem die Endlagerung von Abfällen, der Transport und die Lagerung.

Unsere Partner:innen im Globalen Süden erwarten von uns im Hauptsitzland des Konzerns, dass wir ihnen bei der Beurteilung von Risiken und Schäden helfen. Dafür können wir uns unsererseits auf ein Netzwerk von kompetenten NGOs abstützen. So kann uns etwa das «Pesticide Action Network» PAN bei der Klassierung der Gefährlichkeit von Pestiziden helfen. Unsere Rolle können wir aber nur spielen, wenn wir in unserer Gruppe selbst genügend Kenntnisse haben, um gezielt den Rat von Expert:innen zu erfragen.

**Finanzierung von Unternehmen**

# Follow the money

Welche (finanziellen) Interessen stehen hinter den Konzernaktivitäten? Wer profitiert? Für die Produktion seiner Waren braucht der Konzern Geld, welches als Kapital bezeichnet wird. Wenn bekannt ist, woher dieses Kapital kommt, kann besser eingeschätzt werden, wer vom Konzern profitiert beziehungsweise welche Interessen dahinterstehen. Sofern ein Konzern die Kapitalbedürfnisse nicht selbst decken kann, gibt es zwei Möglichkeiten, um dieses Geld aufzubringen: Der Verkauf von Mitsprache (Aktien) oder die Aufnahme von Schulden (Kredite und Anleihen).

Olivier Christe, Journalist

**1 Mitsprache und Schulden**

**1.1 Verkauf von Mitsprache (Aktien)**
Ein Unternehmen kann sich entscheiden, grosse Kapitalsummen über einen Börsengang einzuholen. Das heisst, dass Aktien zum ersten Mal an Investor:innen ausgegeben werden (Primärmarkt),

die diese im Anschluss über die Börse unter sich handeln können (Sekundärmarkt).[6]

Nur beim erstmaligen Verkauf (IPO oder Follow-On) erhält ein Unternehmen direkt Geld, später wechselt das Geld ausschliesslich zwischen den Investor:innen. Jedoch ist es nicht

---

### IPO SaudiAramco mit CS-Beteiligung

Geht ein Unternehmen an die Börse, wird das als Initial Public Offering (IPO) bezeichnet. Der bislang grösste Börsengang der Geschichte war jener des staatlichen saudischen Ölunternehmens Saudi Arabian Oil Company (Saudi Aramco). Dabei behielt Saudi Arabien einen Grossteil der Aktien selbst und verkaufte nur 1.5 % für rund 25 Milliarden USD an internationale Investor:innen wie BlackRock oder Vanguard. Trotz der beachtlichen Summe war das weniger, als das saudische Königshaus sich erhofft hatte. Dies unter anderem aufgrund klimabedingter finanzieller Risiken, welche Investor:innen im ausschliesslich auf Öl spezialisierten Unternehmen erkannten. Doch weil die Ölförderung in Saudi Arabien zu den günstigsten der Welt gehört, das Unternehmen deshalb enorme Gewinne erzielt und die Dividenden in der Folge hoch sind, gingen dennoch viele Investor:innen dieses Risiko ein. Die Vermittlung zwischen dem Unternehmen und den Käufer:innen organisierten Investmentbanken wie unter anderem die Credit Suisse und die UBS. Die Credit Suisse alleine fand Käufer:innen für 180 Millionen Aktien im Wert von insgesamt 1.5 Milliarden US-Dollar und die UBS für 22.5 Millionen Aktien im Wert von fast 200 Millionen US-Dollar. Für ihre Dienste erhielten die beiden Banken 7 Millionen beziehungsweise 3.8 Millionen US-Dollar. Neben den beiden Schweizer Grossbanken waren 24 weitere internationale Grossbanken und saudische Finanzinstitute am Börsengang von Saudi Aramco beteiligt.

---

so, dass der Handel am Sekundärmarkt keinen Einfluss auf Unternehmen ausübt. Dieser bestimmt vielmehr deren Aktienkurs, welcher wiederum als ein Gradmesser für die Gesundheit eines Unternehmens gilt und damit die Bedingungen für eine erneute Kapitalaufnahme mitbestimmt. Denn Unternehmen – und hier kommt eine weitere Eigenschaft kapitalistischer Wirtschaftsweise zum Zug – müssen nicht nur zu Beginn Kapital aufbringen, sondern laufend, um stetig wachsen zu können.

Mit Blick auf die Finanzierung erleichtert ein hoher Aktienkurs also vor allem weitere Kapitalspritzen. Einerseits geschieht dies durch eine erneute Aktienemission (Follow-On).[7] Andererseits erhält ein Unternehmen mit hohem Aktienkurs Kredite oft zu besseren Zinskonditionen, was wiederum dessen Entwicklung stärkt.[8] Es gibt kein absolutes Mass für die Höhe des Aktienkurses. Er wird vielmehr mit dem Preis verglichen, zu dem die Aktien ursprünglich ausgegeben oder im Vorfeld gehandelt wurden.

## 1.2 Aufnahme von Schulden (Kredite und Anleihen)

Die Vergabe von Krediten ist die bekannteste Form von Schulden. Dabei leiht (meist) ein Finanzinstitut X den Betrag Y an ein Unternehmen Z. Festgelegt wird, bis wann der Betrag zurückerstattet und wie viel zusätzlich als Zins gezahlt werden muss. Oft wird ein Einsatz ausgemacht, der als Sicherheit an die Gläubiger:in übergeht, sollte die Schuldner:in nicht in der Lage sein, die Schuld zurückzuzahlen. Dabei kann es sich um Infrastruktur, aber auch um Land oder andere Vermögenswerte handeln. Möglich ist auch, keine Sicherheit auszumachen. In diesem Fall ist der Zins meist höher, da auch das Risiko für die Kreditgeber:in höher ist.

Eine andere Form von Schulden sind Anleihen. Diese gleichen Krediten zwar hinsichtlich festgelegtem Verfallsdatum und Zinsen, doch wird die Schuld in viele kleine Schuldscheine geteilt und so an Investor:innen verkauft. Diese können die Schuldscheine anschliessend – vergleichbar mit Aktien – unter sich handeln.

---

### Anleiheemission der UBS an Gazprom

Am 1. Mai 2018 hat die UBS gemeinsam mit drei russischen Banken Anleihen für Gazprom im Wert von rund 800 Millionen US-Dollar herausgegeben. Die grösste Schweizer Bank erhielt dafür rund eine halbe Million US-Dollar. Ihre Aufgabe bestand hauptsächlich darin, Käufer:innen für diese Anleihen zu finden, die im Sommer 2023 auslaufen werden. Statt dem russischen Öl- und Gasgiganten also selbst einen Kredit zu gewähren, half ihm die UBS dabei, viele einzelne Investor:innen zu finden, die das gemeinsam machten. Als Gegenleistung erhalten die Investor:innen einen jährlich festgelegten Zinssatz. In diesem Fall 1.45 % des anfänglichen Werts einer Anleihe. Zudem können Investor:innen die Anleihen handeln und damit Kursgewinne erzielen. Der Vorteil für die UBS besteht darin, dass das Risiko von Zahlungsschwierigkeiten von Gazprom nicht bei ihr, sondern bei den Investor:innen liegt. Anders bei einem Kredit, wie ihn im gleichen Jahr die Credit Suisse ebenfalls an Gazprom vergeben hat und der erst 2036 ausläuft. Hier liegt das Risiko eines Zahlungsausfalls gänzlich bei der Bank, weshalb sie dafür in der Regel auch besser entschädigt wird. Die genauen Zinskonditionen wurden in diesem Fall nicht publiziert.

---

# 2 Die Rolle von Banken bei der Kreditvergaben und Aktienemissionen

Auch wenn sich die Vergabe von Unternehmenskrediten und Anleiheemissionen in ihrer Funktion stark gleichen, sind es unterschiedliche Abteilungen in den Banken, die diese Geschäfte durchführen. Zu verstehen, welche Abteilungen in einer Bank dafür verantwortlich sind, hilft zu verstehen, wie diese Finanzflüsse funktionieren. Unternehmenskredite werden direkt von «Corporate Finance»-Abteilungen der Finanzinstitute ausgegeben, während Anleihen- und Aktienemissionen durch die «Investment-Banking»-Abteilungen abgewickelt werden. Im Asset Management, manchmal auch Vermögensverwaltung genannt, werden Kund:innenvermögen verwaltet und dabei wird in diese Wertpapiere (Aktien, Anleihen) investiert.

## 2.1 Corporate Finance

Geschäfte mit Krediten, bei denen Bank X Unternehmen Y Betrag Z mit einer festen Laufzeit und einem vereinbarten Zinsniveau leiht, werden von der Abteilung «Corporate Finance» durchgeführt. Diese Kredite sind lukrativ für Banken, da die Profite vollständig ihr zukommen. Das Risiko eines Zahlungsausfalls liegt jedoch ganz bei der Bank. Die Bank muss deshalb zur Vorbeugung dieses Risikos Eigenkapital zur Seite legen, was als «Belastung der Bilanzen» bezeichnet wird. Gewinn macht die Bank bei der Vergabe von Krediten einerseits mit der Einnahme von Zinsen wie auch mit der Verrechnung von Kommissionen.

## 2.2 Investmentbanken

Anleihen- und Aktienemissionen werden von den Investmentbanking-Abteilungen der Banken durchgeführt. Anders als bei Krediten ist die Bank in diesem Fall keine Geldgeberin, sondern agiert als Vermittlerin. So können Investmentbanken mit einer Datingplattform verglichen werden, die jene Unternehmen, die Geld brauchen, mit jenen Investor:innen zusammenbringt, die Geld haben. Wie bei Datingplattformen ist dabei das Netzwerk entscheidend. Deshalb sind grosse Investmentbanken darauf bedacht, sowohl ein breites Unternehmens- wie auch ein grosses Investor:innen-Netzwerk zu pflegen. Gerade bei erstmaligen Wertpapierverkäufen auf dem Primärmarkt (IPOs, Follow-Ons und Anleiheemissionen) sind die Käufer:innen oft grosse, institutionelle Investor:innen (Versicherungen, Pensionskassen, ultrareiche Privatpersonen). Auf dem Sekundärmarkt sind dann zudem viele Kleininvestor:innen unterwegs, die oft auch

---

«Pictet Russian Equities»

Im Zusammenhang mit dem russischen Angriffskrieg in der Ukraine und den darauf folgenden Sanktionen wurde der Investmentfonds «Pictet Russian Equities» der Genfer Privatbank Pictet in der Öffentlichkeit breit wahrgenommen. Dieser Fonds hielt zu Kriegsbeginn Aktien russischer Unternehmen im Wert von rund einer Milliarde US-Dollar. Da der Fonds der russischen Wirtschaft weitgehend folgte, setzte er sich ebenfalls zu fast 40 % aus Öl-, Gas- und Kohleunternehmen zusammen. So hielt «Pictet Russian Equities» alleine Gazprom-Aktien im Wert von rund hundert Millionen US-Dollar. Damit war Pictet zu Kriegsbeginn der drittwichtigste europäische Investor in russische Öl- und Gasunternehmen sowie der zweitwichtigste in russische Kohleunternehmen, wie Recherchen des niederländischen Recherchedienstleisters Profundo zeigen. Genaugenommen investierte Pictet das Geld nicht selbst, sondern stellte Kund:innen mit dem Fonds eine einfache Möglichkeit zur Verfügung, in russische Unternehmen zu investieren. Wer diese Kund:innen sind, ist nicht bekannt, und Pictet wollte auf Anfrage der WOZ im Frühling 2022 auch keine entsprechenden Aussagen machen. Für Pictet wie auch für die Kund:innen, die in diesen Fonds investierten, war der Kriegsbeginn jedoch folgenschwer. «Pictet Russian Equities» verlor in den ersten vier Kriegstagen über 40 % und ist seit dem 28. Februar 2022 ausgesetzt.

---

über Fonds in diese Wertpapiere investieren. Gewinne machen Investmentbanken bei der Schaffung und dem Verkauf dieser Wertpapiere grösstenteils mit der Verrechnung von Kommissionen an jene Unternehmen, für die sie die Wertpapiere ausgeben. Neben der Herausgabe von Wertpapieren können Investmentbanken auch selbst Wertpapiere kaufen und mit diesen auf Marktentwicklungen spekulieren.

## Mitsprache

Als weltweit wichtige Finanziererin der fossilen Industrie gerät die Credit Suisse immer mehr ins Visier von Investor:innen, die über das Mitspracherecht den Kurs von Unternehmen ändern wollen. So haben sich im Vorfeld der letztjährigen Generalversammlung (GV) der Schweizer Grossbank diverse Investor:innen zusammengeschlossen und erreicht, dass sämtliche Aktionär:innen über die Klimastrategie der Credit Suisse abstimmen mussten. Da grosse Investor:innen ihre Abstimmungsergebnisse zum Teil veröffentlichen, lässt sich daran sehen, wie ernst sie es mit der viel besungenen Nachhaltigkeit wirklich meinen. So hat etwa BlackRock gegen eine progressivere Klimastrategie der Credit Suisse gestimmt, die UBS hat sich enthalten und Pictet sowie Publica, die Pensionskasse des Bundes, haben dafür gestimmt.

Das Abstimmungsverhalten kann Teil einer breiteren Strategie sein, um Unternehmen über Mitsprache zu mehr Verantwortung zu zwingen. Zusammengefasst wird das oft als «active ownership» bezeichnet, welches in Zyklen und mit einer klaren Eskalationsstrategie zu erfolgen hat, um Aussicht auf einen positiven Einfluss zu haben. Dabei gilt allgemein, dass Investor:innen zuerst über den Dialog auf Missstände hinweisen. Erfolgt keine Reaktion, können sie bei GVs gegen einzelne Traktanden oder die Wahl von Schlüsselpersonen abstimmen. Ein Zusammenschluss von Investor:innen, die sich einen Wandel wünschen, ist hier oft entscheidend. Ändert sich das Unternehmen noch immer nicht, ist der Verkauf der Aktien, sogenanntes Divestment, oft die letzte Option. Studien zeigen, dass dieser letzte Schritt jedoch öffentlichkeitswirksam durchgeführt werden muss, um die angestrebte Wirkung auf das Unternehmen zu erzielen. Solche Eskalationszyklen dauern in der Regel zwei bis vier Jahre. Grossinvestor:innen reagieren auf Kritik, in ein kontroverses Unternehmen investiert zu sein, oft mit der Entgegnung, auf diese Weise zumindest auf dieses einwirken zu können. In diesem Fall muss geprüft werden, ob eine effektive Eskalationsstrategie vorliegt oder ob das Argument der Mitsprache als Ausrede missbraucht wird, um weiterhin vom kurzfristigen Gewinn des Unternehmens zu profitieren.

### 2.3 Asset Management / Vermögensverwaltung

Die Abteilungen «Asset Management» und «Vermögensverwaltung» (oft unscharf voneinander unterschieden) beraten Kund:innen / Investor:innen beim Handel von Wertpapieren auf dem Sekundärmarkt. Das Asset Management erarbeitet und verkauft zudem Finanzprodukte (beispielsweise Fonds), in denen sie verschiedene Wertpapiere zusammenschnüren, um ein möglichst gutes Risiko-Profit-Verhältnis zu erreichen.

### 3 Warum investiert ein:e Investor:in in diese Wertpapiere?

Es ist ziemlich klar, warum Unternehmen Kredite aufnehmen oder Wertpapiere emittieren wollen: Sie brauchen Kapital. Es ist auch ziemlich klar, weshalb Banken ihnen dabei helfen. Sie machen Gewinne. Warum aber sind Investor:innen daran interessiert, Aktien oder Anleihen von Unternehmen zu kaufen und damit das unternehmerische Risiko mitzutragen? Profit ist auch hier das zentrale Schlagwort. Das erreichen sie durch Kursgewinne, die Auszahlung von Dividenden (Aktien) oder die Zahlung von Zinsen (Anleihen).

Ein dritter Faktor ist die Einflussnahme. Aktien sind Anteilsscheine an Unternehmen. Die Aktionär:innen erhalten dort in der Folge, analog zu ihrem Aktienanteil, eine Mitsprache. Grossinvestor:innen nutzen das, um das Unternehmen in ihrem Sinn zu prägen, indem sie beispielsweise im Vorfeld der Generalversammlung damit drohen, gegen die Vorschläge des Managements zu stimmen und/oder dies dann auch tun.

Im Extremfall können sie über die Beteiligung auch eine feindliche/freundliche Übernahme anstreben. Die Möglichkeiten von Kleinaktionär:innen sind begrenzter. Indem sich diese zusammenschliessen, können sie jedoch an Kraft gewinnen. Gemeinsam können Kleinaktionär:innen beispielsweise einen Aktionär:innenantrag an der Generalversammlung einreichen oder sich Zutritt zu dieser verschaffen und dort ihre Stimme erheben.

## 4 Warum entscheidet sich ein Unternehmen, einen Kredit aufzunehmen oder Anleihen/Aktien auszugeben?

Wie eingangs erläutert, dient die Aufnahme von Kapital dazu, Produktionsanlagen zu bauen oder Löhne und Rechnungen zu zahlen. Es dient also dem Start oder Wachstum eines Unternehmens. Nicht alle Unternehmen entscheiden sich aber dafür, an die Börse zu gehen. Tut dies ein Unternehmen nicht, wird es als «privat» bezeichnet. So wie es eine Vielzahl an Gründen gibt, an die Börse zu gehen (etwa eine erleichterte Kapitalbeschaffung oder steigende Verkäufe aufgrund öffentlicher Berichterstattung), gibt es ebenso Gründe, das nicht zu tun (Kreis der Besitzer:innen bleibt kontrollierbar, Tätigkeiten müssen nicht gegenüber externen Aktionär:innen gerechtfertigt werden, Reporting ist weniger aufwendig).

Obwohl «private» Unternehmen also nicht an der Börse sind, können sie die oben aufgeführten Möglichkeiten zur Kapitalaufnahme (Verkauf von Aktien und Anleihen/Aufnahme von Krediten) allesamt nutzen. Der Prozess und Umfang unterscheidet sich dabei aber zum Teil von dem von börsennotierten Unternehmen, wobei der stark limitierte Verkauf von Aktien sicherlich den wichtigsten Unterschied darstellt. Kurz: Auch wenn das Reporting teuer ist, das ein Börsengang mit sich bringt, muss es sich ein Unternehmen in erster Linie leisten können, nicht an die Börse zu gehen und auf die entsprechende Kapitalspritze zu verzichten.

## 5 Recherche von Finanzflüssen

Sofern Whistleblower:innen keine Informationen preisgeben, die nicht für die Öffentlichkeit bestimmt sind, ist die Recherchierbarkeit von Finanzflüssen eng an gesetzliche Reporting-Bestimmungen geknüpft. Diese sind zwar von Land zu Land unterschiedlich; grundsätzlich gilt aber, dass börsennotierte Unternehmen überall auf der Welt sehr viel mehr Informationen publizieren müssen als solche, die es nicht sind.

Das Reporting findet meist gegenüber den Behörden sowie zusammengefasst in Geschäftsberichten gegenüber der Öffentlichkeit / den Investor:innen statt. Die Folge ist eine enorme Datenflut, die kaum zu überblicken ist. Verschiedene Dienstleister:innen haben sich darauf spezialisiert, diese Daten so zu sammeln und aufzubereiten, damit diese besser verwertbar sind. Die bekanntesten davon sind Bloomberg oder Refinitiv mit Fokus auf börsennotierte Unternehmen, sowie Orbis oder Dun&Bradstreet vor allem für private Unternehmen. Das Problem ist, dass diese Datenbanken oft sehr teuer und in der Folge bloss für wenige Menschen zugänglich sind. Viele Universitäten haben zwar Zugänge, die angefragt werden können, doch braucht es viel Zeit, sich mit diesen Datenbanken vertraut zu machen. Zudem kann meist nur vor Ort recherchiert werden. MultiWatch hat Kontakte, die bei entsprechenden Recherchen unterstützen können.

**Geschäftsberichte lesen und verstehen**

# Know your enemy

Wie bekommen wir wertvolle Informationen aus Geschäftsberichten von Unternehmen? Wie können wir diese lesen und verstehen? Unternehmen haben einen grossen Spielraum in der Darstellung ihrer Tätigkeiten. Einiges müssen sie aber darstellen. Um die Finanzlage eines Unternehmens zu verstehen, brauchen wir eine eigene Sprache. Dieser widmen wir uns in diesem Kapitel.

Magnus Meister, Fachspezialist Unternehmensanalysen
bei der Gewerkschaft Unia

**Was bringen Geschäftsberichte im Kampf gegen die Konzernmacht?**
Monatlich ein Gewinn von über 4800 Franken pro Lohnabhängige:r – das ist das Fazit der Firma Lonza im Jahr 2021; alle Unkosten für die Firma abgezogen. Lonza erzielt solch hohe Gewinnzahlen auch dank der lukrativen Produktion des patentgeschützten Moderna Impfstoffs gegen Covid-19. Das Unternehmen bereichert sich an seinen Angestellten und an der durch den Schutz der Eigentumsrechte erhaltenen internationalen

Ungleichheit. Der Konzern verschreibt sich der «nachhaltigen Wertschöpfung», hat aber im Wallis über Jahrzehnte seinen Giftmüll unmittelbar neben der Rhone deponiert. Sanierungskosten: geschätzte 285 Millionen Franken.

Der Gotthardbasistunnel: dank härtester Arbeit und höchster Ingenieurskunst 57 Kilometer quer durch das massive Gestein der Alpen gebohrt. Baukosten: 12.2 Milliarden Franken. Nestlé könnte jedes Jahr mit seinem Reingewinn aus dem Jahr 2020 ein solches Jahrhundertprojekt finanzieren. Mit solchen Ressourcen wäre eine soziale Klimawende im Nu gepackt. Diese astronomischen Gewinnzahlen kommen nicht von ungefähr. Den Nestlé-Arbeitenden wurden während der Pandemie Opfer abverlangt. So gab es in der Schweiz keine Lohnerhöhungen, während weltweit bei den Personalkosten über 1.3 Milliarden Franken eingespart wurden und der Personalbestand um 18 000 Arbeitende gekürzt wurde. Gleichzeitig wuchsen die ausgeschütteten Dividenden um 400 Millionen auf 7.7 Milliarden Franken an. Jeder Nestlé-Mitarbeitende opferte im Durchschnitt fast 1200 Franken, während sich die Aktionär:innen bereicherten und der Lohn von CEO Ulf Schneider auf über 10.7 Millionen Franken anstieg.

Diese beiden Beispiele zeigen, wie Manager:innen und Eigentümer:innen von Konzernen ihre Unternehmen zur Selbstbereicherung plündern, dafür Opfer von Angestellten fordern und die Umwelt verpesten. Solche offensichtlichen Ungleichheiten empören regelmässig die breite Öffentlichkeit. Ihnen ist gemein, dass die wesentlichen Informationen dazu durch das kritische Studium ihrer Geschäftsberichte offengelegt werden können. Ein konsequentes Studium der Unternehmen zeigt auf, dass solche Missstände nicht etwas Zufälliges oder Ausserordentliches, sondern Ausdruck der tagtäglich stattfindenden Ausbeutung und ungleichen Verteilung im Kapitalismus sind. Geschäftsberichte enthalten zahlreiche Informationen, welche die Ausbeutung vieler und die Bereicherung einiger weniger ganz offensichtlich machen. Um diese zu erkennen, braucht es in der Regel nicht sehr viel, man findet schon recht schnell einiges an Informationen. Kritische Aktivist:innen können sich darin trainieren und mit ein wenig Geschick die vorgefundenen Informationen in eine allgemein verständliche Sprache übersetzen.

### Eine zu erlernende (Fremd-)Sprache
Die Rechnungslegung[9] wird von den Kapitalist:innen gerne als eine objektive und neutrale, da technische und zahlenmässige Darstellung der betrieblichen Realität präsentiert. Sie ist aber vielmehr ein Terrain sozialer Auseinandersetzung um Ungleichheit und Ausbeutung. Der deutsche Ökonom Thomas Sablowski bezeichnet die Rechnungslegung als eigentliches «Kampffeld der Interessen der verschiedenen ‹Stakeholder›»[10]. In den Finanzberichten treffen die Unternehmen und die Finanzmärkte – also die Kapitalseite – auf die Arbeitenden und die weltweit Unterdrückten.

Die Rechnungslegung kann wegen dem Hang zur Pedanterie und Zahlendrescherei fremd, ja sogar befremdend erscheinen. Aber mit etwas Basiswissen und Training können wir sie entschlüsseln. Laut dem britischen Accounting-Forscher Rob Bryer ist die Rechnungslegung «die ‹Sprache der Wirtschaft›, und Kenntnisse über sie ist eine notwendige Voraussetzung für ein Verständnis der grundlegenden Funktionsweise des Kapitalismus.»[11] Wie beim Erlernen jeder Sprache braucht es einige Grundkenntnisse zum Aufbau, zur Struktur, aber dann vor allem auch Übung. Bevor wir zum eigentlichen Aufbau und Inhalt der Jahresberichte kommen, wird eine kurze Einführung in die grundsätzliche Rolle der Rechnungslegung im Kapitalismus dabei helfen, den eigentlichen Aufbau und Inhalt der Jahresberichte kritisch zu würdigen und die daraus gewonnen Erkenntnisse als emanzipatorisches Werkzeug einzusetzen.

### Wofür machen Konzerne eine Rechnungslegung?
Die Rechnungslegung richtet sich nicht primär an die Arbeitenden oder die breitere Bevölkerung. Sie dient vielmehr den Unternehmen zur Kontrolle betrieblicher Prozesse, also zur Überwachung der Produktion und Aneignung von Werten. Dies tut sie in der sogenannten Betriebsbuchhaltung. Die Rechnungslegung ist ausserdem dafür da, dass Kapitalgeber, also Banken, Kreditgeber:innen und Aktionär:innen, ein Mittel der Überwachung haben. Mit diesem prüfen sie, wie lukrativ die Investition ist, wie rentabel ihr Kapital angelegt ist. Dies geschieht in der sogenannten Finanzbuchhaltung. Dort *legt* das Management *Rechenschaft* über die Verwendung des Kapitals an dessen Eig-

ner:innen ab, daher die Bezeichnung Rechnungslegung. Diese wird also von den Unternehmen für die Unternehmen und das Finanzkapital geführt.

### Wem dient die Schweizer Verschwiegenheit?

In der Schweiz wird die Regulierung der Rechnungslegung zu einem bedeutenden Teil privaten Interessen überlassen. Im Obligationenrecht (OR Art. 957–963) werden zwar Richtlinien vorgegeben. Fachleute sind sich jedoch einig, dass diese Richtlinien chronisch unterentwickelt sind. Grundsätzlich sind alle Unternehmen zur Rechnungslegung verpflichtet, es bestehen aber kaum einheitliche Vorgaben zu Umfang und Ausgestaltung. Zudem gibt es keine eigentliche Offenlegungspflicht. Nur Unternehmen, die an der Börse kotiert sind oder ausstehende Anleihen haben, müssen einen Geschäftsbericht veröffentlichen.

Dies bestätigt einerseits, dass Finanzberichterstattung primär der Befriedigung der Informationsbedürfnisse der Finanzmärkte dient. Das heisst andererseits aber auch, dass teilweise bedeutende Unternehmen, die in Familienbesitz sind, von einer Stiftung kontrolliert werden, oder jene, die ihre Aktien einfach nicht an der Börse handeln, keine Informationen publizieren müssen. Dies betrifft zum Beispiel den in Genf domizilierten Rohölhändler-Giganten Gunvor, Autohändler Hans Frey AG, Luxusuhrenfabrikant Rolex, oder etwa auch Schoggi-Produzent Camille Bloch.

Diese inexistente Offenlegungspflicht entspricht nicht etwa einer vermeintlich kulturellen «typischen Diskretion» schweizerischer Unternehmen, sondern soll Transparenz in der Wirtschaft vermeiden. Sie sind Ausdruck des schweizerischen Geschäftsmodells, das Gewinne verschleiert, unter anderem zwecks Steuervermeidung. Die Konzerne wollen zudem kritische öffentliche Diskussionen ihrer Geschäfte vermeiden. Der kolossale Umfang des gesellschaftlich erwirtschafteten Reichtums soll nicht offensichtlich werden, um ein kollektives Hinterfragen von dessen ungleicher Verteilung zu vermeiden.

Glücklicherweise sind aber genau die börsenkotierten Unternehmen in der Regel wegen ihrer Grösse und ihres Gewichts von höchster Bedeutung. Dies sind in der Regel Konzerne, also Unternehmen, die eine ganze Reihe von Gesellschaften, oft unter zentraler Leitung einer Holdinggesellschaft, zusammenfassen. Sie haben entsprechend eine grosse Anzahl Beschäftigter, ein dominierendes Gewicht in der Volkswirtschaft, und sind somit sowohl für die Arbeitsbedingungen wie auch etwaige Regulierungen und die Gestaltung der wirtschaftlichen Rahmenbedingungen bestimmend. Sie nehmen oft dominierende Stellungen in ihren jeweiligen Branchen ein. Die Offenlegung von Finanzinformationen zu diesen de facto Monopolen ist also ein positiver Nebeneffekt der Macht der Finanzmärkte. Zudem wird die Berichterstattung grosser Unternehmen tendenziell homogener. Grosse Unternehmen in der Schweiz sind verpflichtet, nach sogenannt anerkannten Standards Buch zu führen. Dies sind IFRS, US GAAP, Swiss GAAP FER. Der Kern der Rechnungslegung bleibt in allen drei Standards derselbe, auch wenn sich die darin offengelegten Informationen teilweise recht beachtlich unterscheiden können.

Diese drei Standards, welche das Rückgrat der Regulierung der Finanzberichterstattung bilden, werden von Expertengremien erstellt. In der Schweiz ist dies zum Beispiel die Stiftung Fachkommission für Empfehlungen zur Rechnungslegung (FER). In dieser Fachkommission sind rund dreissig Mitglieder, darunter die Grossbanken, die Börse SIX, Novartis, Georg Fischer, Manor, etc. Zudem sind drei der sogenannten *big four*, die Wirtschaftsprüfungsgesellschaften Ernst & Young, KPMG sowie PwC, darin vertreten. Die Unternehmen, welche Rechnung ablegen müssen, und die Gesellschaften, welche diese prüfen, entscheiden also selbst über die angewandten Standards. Ähnliches gilt aber auch für den Standard IFRS, der seit 2005 von allen öffentlich gehandelten Unternehmen in der Europäischen Union angewandt wird. Diese wird von Expert:innen als «eine der weitreichendsten Übertragungen öffentlicher Befugnisse an eine private, von der Wirtschaft finanzierte und gelenkte Einrichtung in der internationalen Politik» bezeichnet.[12] Mit Überwachungsfunktion haben solche Standards also wenig zu tun, dafür entsprechen sie der vom Bundesrat bei der letzten Gesetzesreform explizit angestrebte schlanken Regelung.

**Achtung: Was kann ich in den Geschäftsberichten nicht sehen?**
Geschäftszahlen sind nicht einfach objektiv, sondern eine voreingenommene und partielle Darstellung realer Verhält-

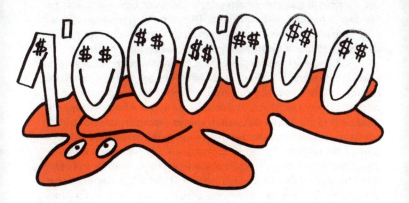

nisse. Öffentlich zugängliche Informationen zur Finanzlage von Unternehmen sind auf ein Zielpublikum und einen Zweck ausgerichtet. Sie orientieren sich an Rentabilität und nicht an gesellschaftlichen Bedürfnissen wie Arbeitsplatzsicherheit oder ökologischer Nachhaltigkeit. Denn in der Produktion der Berichte werden ganz viele Angaben geschätzt. Zu welchem Geldwert eine Anlage, beispielsweise eine Maschine, verbucht wird, ist durchaus keine einfache Frage. Doch anstatt einer möglichst nüchternen Haltung verpflichtet zu sein, wird in den aktuell dominierenden Buchhaltungsnormen Subjektivität zur Norm für solche Schätzungen.

Bei Fragen der Bewertung ihres Unternehmens geht es dem Management und den Eigentümer:innen natürlich vor allem um die Höhe der ausgewiesenen Gewinne. Dabei sind sie widersprüchlichem Druck ausgesetzt und haben ein Interesse, ihren Gewinn sowohl überzuwerten wie auch unterzuwerten. Höhere Gewinnzahlen rechtfertigen hohe Dividenden und Manager:innenlöhne. Tiefere Gewinnzahlen bedeuten weniger Steuern und Argumente gegen Lohnerhöhungen für die Arbeitenden.

In der Schweiz können die Unternehmen beides gleichzeitig. Während der öffentliche Finanzbericht laut Bundesrat die tatsächliche wirtschaftliche Lage des Unternehmens wiedergeben müsse, so bleibt dieser steuerrechtlich unbeachtlich. Das sogenannte Massgeblichkeitsprinzip sieht vor, dass nur der nach OR gemachte und den kantonalen Steuerbehörden eingereichte Finanzabschluss Bemessungsgrundlage der Steuern bildet. Dieser kann sich vom öffentlichen Abschluss unterscheiden.

Die Gesetzgebung zur Rechnungslegung ist wie ein Werkzeugkasten zur Gewinnverschleierung. So ist es explizit erlaubt, stille Reserven zur «individuellen Steuerplanung» zu bilden. Dabei macht das Unternehmen hohe Abschreibungen, wodurch nicht bloss der Wert seiner Anlagen unterschätzt, sondern vor allem auch der ausgewiesene Gewinn verringert wird. Dies erlaubt es den Unternehmen, im steuerlich relevanten Abschluss tiefere Gewinne anzugeben und somit Steuern zu reduzieren. Gleichzeitig können im öffentlichen Bericht hohe Gewinnzahlen ausgewiesen und somit die Investor:innen und Manager:innen beglückt werden. Es erstaunt also kaum, dass laut einem Steueranwalt aus der Westschweiz hiesige Unternehmen stille Reserven seit mehr als einem Jahrhundert mit Leidenschaft bilden.

---

### Kennzahlen

Bei der zahlenmässigen Analyse von Geschäftsberichten wird meist mit Kennzahlen gearbeitet. Sie sind mentale Stützen und helfen, den Zustand eines Unternehmens besser zu verstehen. Gewisse Kennzahlen wie das EBIT werden bereits in der Jahresrechnung dargestellt, während andere noch errechnet werden müssen. Es gibt absolute Kennzahlen wie etwa der Personalbestand und es gibt Verhältniskennzahlen, wie etwa der Gewinn pro Mitarbeiter:in.

Kennzahlen kennen keine absolut richtige Grösse, weshalb eine isolierte Betrachtung in der Regel wenig zielführend ist. Daher dienen sie meist zum Vergleich, etwa bei einem Vorjahresvergleich eines Unternehmens mit sich selbst oder bei der Gegenüberstellung zweier Unternehmen der gleichen Branche.

---

Von Konzernen veröffentlichte Geschäftszahlen entsprechen nicht einfach der Wahrheit. Sie sind eine verzerrte Darstellung des realen gesellschaftlichen Prozesses der Produktion und ihrer Verteilung. Die berichteten Finanzzahlen sind somit offen zur kritischen Hinterfragung. Mit den nötigen Grundkenntnissen ausgerüstet, können wir verschiedene Formen der Gewinnsteuerung und frisierte Geschäftszahlen erkennen.

### Was veröffentlichen Unternehmen für Berichte?
Unternehmen informieren über ihren Geschäftsgang öffentlich mittels eines Geschäftsberichts. Dieser ist die wichtigste Informationsquelle für alle, die sich mit dem Zustand eines Unternehmens auseinandersetzen wollen. Zentrale Bestandteile sind vor allem der Jahresbericht, der Vergütungsbericht sowie die Jahresrechnung. In der Regel publizieren die Unternehmen solche Berichte jährlich jeweils nach Ende des Geschäftsjahres. Grössere Konzerne veröffentlichen oft zwischenzeitlich noch weitere Berichte, wie etwa die weniger umfangreichen Halbjahres- oder Quartalsberichte.

### Wie sehen Unternehmen sich selbst und ihre Erfolge, Risiken sowie Strategien?
Im Jahresbericht werden in Textform verschiedene, frei zusammengestellte Informationen über den Geschäftsgang des Berichtsjahres vermittelt. Dazu gibt es etwa eine Mitteilung des Verwaltungsrats-Präsidiums, Informationen zu neuen Produkten oder Entwicklungen auf wichtigen Märkten. Die Jahresberichte enthalten nützliche Informationen in leicht verträglicher Form. Es werden beispielsweise strategische Umorientierungen auf eine Produktegruppe festgehalten, wichtige Neuerungen in der Produktentwicklung hervorgehoben oder mögliche Risiken für das Geschäft benannt. Da die Regulierung eines Jahresberichts keine vorgegebene Struktur und keinen minimalen Inhalt fordert, sind die Jahresberichte sehr heterogen. Sie haben oft eine starke PR-Komponente: Unternehmen zelebrieren sich und ihre «Unternehmenskultur» auf Hochglanzpapier mit vielen Fotos und knackigen Sprüchen selbst. Während sie somit eher als Unternehmenspropaganda zu werten sind, können sie in Textform für gewisse Leute sonst schwieriger zugängliche

## Geschäftsbericht

### Jahresrechnung / Konzernrechnung
- **Bilanz**
- **Erfolgsrechnung**
- **Geldflussrechnung**
- **Eigenkapitalnachweis**
- **Anhang**

### Jahresbericht / Lagebericht

### Corporate Governance / Vergütungsbericht

---

### Aktiven

**Umlaufvermögen**
- Flüssige Mittel
- Forderungen aus Lieferungen und Leistungen
- Vorräte

**Anlagevermögen**
- Sachanlagen
- Immaterielle Werte
- Beteiligungen
- Finanzanlagen

**Bilanzsumme**

### Passiven

**Kurzfristiges Fremdkapital**
- Verbindlichkeiten aus Lieferungen und Leistungen
- Kurzfristige verzinsliche Verbindlichkeiten

**Langfristiges Fremdkapital**
- Langfristige verzinsliche Verbindlichkeiten
- Übrige langfristige Verbindlichkeiten
- Rückstellungen

**Eigenkapital**
- Aktienkapital
- Gewinn- und Kapitalreserven

**Bilanzsumme**

und nachvollziehbare Informationen zu Umsatz, Gewinn und anderen Themenbereichen ausführen.

### Wie viel Geld erhalten Geschäftsleitung und Verwaltungsrat?

Grössere börsenkotierte Konzerne publizieren zusätzlich einen Bericht zur Corporate Governance und einen Vergütungsbericht. Ersterer umfasst vor allem Angaben zur Zusammensetzung von Geschäftsleitung und Verwaltungsrat sowie zur Struktur des Unternehmens und wichtigen Aktionär:innen. Der Vergütungsbericht schlüsselt die Löhne und Entschädigungen von Verwaltungsrat und Geschäftsleitung auf. Deren genaue Bemessungsgrundlage zu verstehen ist nicht einfach, aber für die meisten Recherchen auch nicht nötig. Die Gesamtvergütung besteht oft aus einer Basisvergütung, einem Bonus und Vergütungen in Form von Aktienpaketen. Während Managerlöhne ausgewiesen werden und die obszöne Selbstbereicherung der Top-Kader offengelegt werden, fehlen jedwede Angaben zu den übrigen im Konzern praktizierten Löhnen. Diese zu ermitteln und den Löhnen der Unternehmensleitung gegenüberzustellen ist eine akribische Aufgabe, welche die Unia jährlich in ihrer Lohnschere-Studie[13] veröffentlicht.

### Was besitzt eine Firma und womit macht sie Geld?

Die Jahresrechnung macht einen bedeutenden Teil des Geschäftsberichts aus. An dieser Stelle wird zahlenmässig Rechenschaft über den Geschäftsgang abgelegt. Sie ist eine nüchterne Darstellung des wirtschaftlichen Zustandes und des vergangenen Geschäftsgangs eines Unternehmens, mit den vorher erhobenen Vorbehalten. Grundsätzlich besteht die Jahresrechnung für grosse Unternehmen aus Bilanz, Erfolgsrechnung, Geldflussrechnung, Eigenkapitalnachweis und Anhang. In jedem dieser Teile können relevante Informationen gefunden werden.

    Welche Zahlen interessant sind, lässt sich nicht verallgemeinern. Das hängt vom Unternehmen und der Branche ab. Grundsätzlich lässt sich mit einer recht intuitiven Herangehensweise bereits Wesentliches erkennen. Neben den aktuellen Geschäftszahlen werden zum Vergleich immer auch die Vorjahreszahlen angegeben. Bei Positionen, welche sich stark verändert haben, lohnt es sich, genauer hinzuschauen.

### Was besitzt ein Unternehmen und welche Schulden hat es?

Historisch war die Bilanz das bevorzugte Mittel der Berichterstattung. Sie ist gewissermassen ein Foto des Unternehmens und gibt einen allgemeinen Überblick. Die Bilanz stellt das Vermögen und die Verbindlichkeiten eines Unternehmens am Jahresende oder an einem anderen Stichtag dar. Sie ist die klassische Darstellung eines Unternehmens in Form der doppelten Buchhaltung mittels einer Gegenüberstellung von Aktiven und Passiven. Die Aktiven (auch Vermögen genannt) zeigen, wofür das Kapital verwendet wird und in welcher Form es gebunden ist. Die Verbindlichkeiten (auch Passiven genannt) geben an, woher das angewandte Kapital stammt. Die Summe der Aktiven und Passiven sind somit immer gleich hoch, sie stellen die Bilanzsumme dar. In der Bilanz können wir also vor allem ermitteln, wie wertvoll ein Unternehmen ist, wie es sich finanziert, wie es sein Kapital verwendet, oder wie zahlungsfähig es scheint.

### Was besitzt die Firma?

Die Aktiven bilden eine Seite in der Bilanz. Sie werden auch Vermögen genannt. Sie bestehen primär aus Geld, aus Gütern, aus Anlagen, grob aus allem, was in der Produktion und dem Austausch der hergestellten Waren verwendet wird. Diese werden in zwei grössere Untergruppen gegliedert.

Das Umlaufvermögen sind Werte, die entweder schon in Geldform bestehen, oder innerhalb relativ kurzer Zeit in Geld verwandelt werden können. Sie bestehen also vor allem aus flüssigen Mitteln (Cash), das entweder als Bargeld in einem Firmentresor, meist jedoch auf Bankkonten gelagert wird. Dazu gehören auch Vorräte an Waren, die verkauft werden können, sowie Forderungen aus Lieferungen und Leistungen, also noch ausstehenden Rechnungen von Käufer:innen. All diesen Positionen ist gemein, dass sie bei Bedarf zumindest theoretisch kurzfristig zu Bargeld werden könnten, und dann beispielsweise zur Begleichung eigener offenstehender Rechnungen verwendet werden können.

Anlagevermögen sind Teile des Kapitals, die längerfristig gehalten oder verwendet werden. Bei produzierenden Unternehmen besteht der bedeutendste Teil normalerweise aus Sachanlagen, wie Gebäuden, Maschinen, Fahrzeugen – grob allen

Anlagen und materiellen Gütern, die für die Produktion benötigt werden. Dies sind also die eigentlichen Produktionsmittel des Unternehmens. Darüber hinaus besitzen Unternehmen, besonders solche in forschungsintensiven Branchen wie der Pharma, auch sogenannte immaterielle Werte wie etwa Patente, Konzessionen oder Markenwert. Es ist schwierig, den Geldwert dieser immateriellen Werte festzulegen. Dennoch sind sie von grosser Bedeutung für den Betrieb eines Unternehmens. Dazu kommen schliesslich noch Finanzanlagen und Beteiligungen, die länger gehalten werden – also alle gebundenen Werte, die als langfristige Garantien für die wirtschaftliche Tätigkeit eines Unternehmens dienen, und die nicht kurzfristig in Cash verwandelt werden können.

Bei den Aktiven kann man ermitteln, wie viel Kapital ein Unternehmen rasch mobilisieren könnte und wie viel gebunden ist. Eine «richtige» Verteilung auf die Posten gibt es nicht. Aber wie sich das Kapital verteilt, kann durchaus Argumente für spezifische Fragestellungen geben. Der Anteil der Sachanlagen an der Bilanzsumme gibt einen Hinweis, wie stark ein Unternehmen für die Wertschöpfung von der physischen Produktion abhängig ist. Dies kann unter anderem einen Indikator der potenziellen Macht der produzierenden Belegschaft in einem Kräftemessen mit der Unternehmensleitung liefern. Ein hoher Anteil des Umlaufvermögens wiederum zeigt, dass ein Unternehmen potenziell über Investitionsressourcen verfügt.

### Wer hat dem Unternehmen Geld gegeben?

Den Aktiven stehen in der Bilanz die Passiven gegenüber. Zweitere geben an, woher das aufgewendete Kapital stammt. Dabei gibt es zwei grosse Kategorien: das Fremdkapital und das Eigenkapital.

Das Fremdkapital wird wie die Aktiven nach Laufzeit unterteilt. Zunächst betrachten wir die Gruppe des **kurzfristigen Fremdkapitals.** Daraus lässt sich beispielsweise die Zahlungsmoral oder -fähigkeit eines Unternehmens ablesen. So werden ausstehende Zahlungen an Lieferant:innen angegeben, meist Verbindlichkeiten aus Lieferungen und Leistungen genannt. Diese geben die Höhe noch nicht bezahlter Rechnungen an. Ferner werden innert Jahresfrist zu begleichende Kredite, sogenannte kurzfristige verzinsliche Verbindlichkeiten, aufgeführt. Dies ist die Summe, die das Unternehmen in naher Zukunft an eine Bank oder an eine:n andere:n Kreditgeber:in zurückbezahlen muss. Noch ausstehende Steuerzahlungen, sofern sie noch im selben Jahr fällig werden, werden ebenfalls unter kurzfristigem Fremdkapital verbucht. Sind diese Posten hoch, so wird das Unternehmen innert kurzer Zeit hohe Mittel aufwenden müssen, um seine Verbindlichkeiten zu bedienen. Insbesondere wenn das kurzfristige Fremdkapital im Vergleich zum rasch verfügbaren Geld, dem Umlaufvermögen, hoch ist, ist die Finanzlage des Unternehmens fragil.

### Wie viel Macht haben die Banken auf ein Unternehmen?
In der Regel bevorzugen Unternehmen ein höheres langfristiges Fremdkapital, da deren Begleichung nicht unmittelbar bevorsteht. Dieses besteht normalerweise vor allem aus Finanzschulden, also aus Krediten mit längeren Laufzeiten. Sind diese hoch, so ist das ein Hinweis auf eine grosse Abhängigkeit des Unternehmens von Banken, oder umgekehrt die grosse Macht letzterer auf ein Unternehmen. Welches Finanzinstitut den Kredit gesprochen hat, findet sich derweil in der Regel nicht im Geschäftsbericht. Ein weiterer Posten des Fremdkapitals sind latente Steuerverbindlichkeiten. Dies sind Schätzungen über ausstehende Steuerzahlungen oder mögliche Steuerrückerstattungen der Behörden. Diese sollten kritisch angeschaut, jedoch nicht überbewertet werden. Sie werden oft zur mittelfristigen Ausgleichung der Steuern über mehrere Jahre verwendet und einzelne Ausschläge sind nicht unbedingt ein Zeichen hoher oder tiefer effektiver Besteuerung.

Sogenannte Rückstellungen (provisions) sind ein weiterer Posten, der sowohl unter kurz- wie langfristigem Fremdkapital verbucht werden kann. Solche Rückstellungen sind erwartete zukünftige Geldabflüsse, Verbindlichkeiten oder Wertberichtigungen der Vermögenswerte. Dies kann zum Beispiel bedeuten, dass ein Unternehmen erwartet, in den kommenden Jahren grössere Geldsummen zur Sanierung einer Giftmülldeponie aufwenden zu müssen. Oder ein Unternehmen plant eine grössere Restrukturierung inklusive Entlassungen und muss dabei mögliche Sozialpläne finanzieren. Derartige zukünftigen

Ausgaben können ebenfalls als Rückstellung verbucht werden. Wertberichtigungen (impairments) sind ihrerseits unerwartete Reduktionen des Wertes einer Bilanzposition. Es können ganz unterschiedliche Positionen davon betroffen sein. Wenn ein Unternehmen beispielsweise produzierte Güter auf Lager hält und diese aufgrund einbrechender Nachfrage nicht zum ursprünglich erwarteten Preis verkaufen kann, dann muss es den Buchwert dieser Erzeugnisse verringern. Es handelt sich also um die mit den Posten verbundenen Möglichkeiten, Einkommen zu generieren, was natürlich mit grossen Ermessensspielräumen verbunden ist. Ein genauerer Blick hier lohnt sich jeweils, da wir viel über veränderte Marktbedingungen eines Unternehmens erfahren. Aber auch, weil diese Posten zur Gewinnsteuerung verwendet werden. Die Gründe für getätigte Rückstellungen werden jeweils im Anhang angegeben.

### Wie viel gehört den Aktionär:innen (oder anderen Eigentümer:innen)? Wie viele Gewinnreserven hat das Unternehmen?

Neben dem Fremdkapital hat ein Unternehmen auch Eigenkapital. Grundsätzlich ist ein im Vergleich zum Fremdkapital höheres Eigenkapital positiv für Unternehmen, sind sie doch weniger abhängig von Kreditgeber:innen. Dabei handelt es sich zunächst um das ursprünglich durch die Investor:innen in eine Firma investierte Geld. Dies ist bei einer AG das eigentliche Aktienkapital. Zum anderen sind die aus der Produktion und dem Verkauf erwirtschafteten Gewinne, die nicht an die Aktionär:innen ausgeschüttet werden, ebenfalls Eigenkapital. Diese Gewinnreserven und Kapitalreserven sind bei schon länger aktiven Unternehmen in der Regel wesentlich höher als das ursprünglich einmal investierte Kapital. Gewinnreserven speisen sich aus den Gewinnen der engeren betrieblichen Tätigkeit. Mit einer oft bescheidenen ursprünglichen Investition, dem Aktienkapital, können Kapitaleigner:innen grössere Mengen von einem gesellschaftlich produzierten Wert, die Gewinnreserven, unter ihre Kontrolle in Bewegung setzen.

### Wie verändert sich dieses Aktienkapital?

Bei grösseren Unternehmen wird oft ein Eigenkapitalnachweis in der Jahresrechnung erbracht. Dieser gibt an, wie sich die unterschiedlichen Teile des Eigenkapitals entwickeln. Dort sind beispielsweise die getätigten Dividendenzahlungen aufgeführt, also wie viel des Gewinns an die Investor:innen, an die Eigentümer:innen ausgeschüttet wird. Ferner finden sich dort Angaben zur möglichen Ausschüttung von neuen Aktien, also des Sammelns frischen Eigenkapitals, oder zu möglichen Aktienrückkäufen, also der Verringerung der Eigentümerbasis und Bereicherung der Aktienhabenden.

In den Bilanzen lassen sich bereits eine ganze Reihe an Informationen finden. Sie sind aber auch mit vielen Unsicherheiten verbunden und zeigen den grossen Spielraum auf, der Firmen in ihrer Selbstbewertung zur Verfügung steht. Wie wahrscheinlich ist es, dass ein:e Kund:in die offene Rechnung bezahlen kann? Zu welchem Wert werden Anlagen wie Immobilien verbucht? Wie ermittelt das Unternehmen den Geldwert seiner Patente oder seiner Marke? Diesen Fragen liegen die grossen Ermessensspielräume der Unternehmen zugrunde. Da die Bilanz nur die

| 7 | DURCHLAUFEND | A | 25'143.40 |
| 8 | VERSCHIEDENE | B | 25'323.00 |
| 9 | AUSSERORDENTL. | B | 4'985.00 |
| 10 | ABSCHREIBUNG | B | 3'228.00 |
| 11 | ENTNAHMEN | A | 680.00 |
| 12 | KONZESSIONEN | C | 80'047.00 |
| 13 | FINANZERTRAG | | |
| 14 | FINANZAUFW | A | 48'674.00 |
| 15 | ERFOLGSABSCHLUSS | B | 9'200.00 |
| | | | 4'488.60 |

Form des Unternehmens an einem Stichtag widerspiegelt, ist sie mehr eine Momentaufnahme und verschleiert die eigentliche Produktion und Verteilung, das Generieren und Realisieren von Werten. Wie sich Einnahmen und Ausgaben gestalten, wie sich also der Gewinn zusammensetzt, wird hier nicht ersichtlich.

### Wofür gibt ein Unternehmen Geld aus und wie verdient es Geld? Wie setzt sich der Gewinn zusammen?

Solche Informationen werden in der Erfolgsrechnung angegeben. Im Unterschied zur Bilanz stellt sie nicht den Zustand eines Unternehmens an einem bestimmten Tag dar. Sie gibt die über das Geschäftsjahr angehäuften Einnahmen und Ausgaben an und wird daher auch oft Gewinn- und Verlustrechnung genannt. Die Erfolgsrechnung fängt zu Beginn jedes Geschäftsjahres wieder von vorne an. Im Unterschied zur Bilanz, bei der verschiedene Positionen einander gegenübergestellt werden, erfolgt die Darstellung der Erfolgsrechnung in Staffelform. Sie geht immer vom erwirtschafteten Umsatz aus und zieht sukzessive die getätigten Ausgaben davon ab. Was am Ende übrig bleibt, ist der sogenannte Gewinn.

      Diese Struktur der Erfolgsrechnung macht den Zweck des Wirtschaftens im Kapitalismus deutlich: Es ist alles auf den Gewinn und dessen Maximierung ausgerichtet. Die Nachverfolgung des Geschäftsgangs mittels Erfolgsrechnung gewann mit der Streuung von Aktiengesellschaften und mit dem Aufkommen des Finanzkapitals an Bedeutung. Investor:innen sind weniger als die Kreditgeber:innen an der Fähigkeit eines Unternehmens interessiert, Schulden falls nötig mittels physischer Anlagen zu begleichen. Rentabilität der Unternehmung und somit die Orientierung auf Profit wurden wichtiger.

### Arbeitende gegen Investierende:
### Wer bekommt wie viel von den Einnahmen?

Was für die Beschäftigten eines Unternehmens der wesentliche Zweck ihrer dortigen Tätigkeit ist, nämlich den Erhalt eines Lohns für ihre Arbeitskraft, ist für die Kapitalist:innen nur eine Ausgabe, ein den Gewinn schmälernder Kostenpunkt. Mehr Lohn für die Arbeitenden heisst unter gegebenen Bedingungen zwangsläufig weniger Gewinn für die Eigentümer:innen. Die

Erfolgsrechnung zeigt also im Kern unterschiedliche Interessenlagen im Betrieb und damit im Zentrum der kapitalistischen Produktion auf und ist somit ein wichtiger Ausgangspunkt zur Ermittlung von Verteil- und Machtfragen.

### Wie hoch sind die Einnahmen?

Der Ausgangspunkt der Erfolgsrechnung ist der Umsatz. Dieser zeigt an, wie hoch die Einnahmen eines Unternehmens aus dem Verkauf von Waren und / oder Dienstleistungen in der Berechnungsperiode war. Natürlich generieren die hergestellten Produkte erst Einnahmen, wenn sie verkauft werden. Die Erfolgsrechnung in der Jahresrechnung ignoriert jedoch zu welchen Bedingungen eine Ware verkauft wurde. Sie gibt weder die Menge verkaufter Waren noch deren Preis an und schon gar nicht, wer die Käufer:innen waren. Dies zeigt nochmals, dass es um blindes Generieren von Einnahmen als notwendige Grundlage für Profit und nicht um die Befriedigung von Bedürfnissen geht.

### Wofür gibt das Unternehmen Geld aus?

Ausgehend vom Umsatz werden Kosten abgezogen. Je nach verwendetem Rechnungslegungsstandard ist dieser Teil der Erfolgsrechnung unterschiedlich detailliert ausgestaltet. Die aus Unternehmensperspektive anfallenden Ausgaben lassen sich grundsätzlich in vier Kategorien unterteilen: Betriebsaufwand, Abschreibungen, Finanzaufwand und Steuern. Der sukzessive Abzug dieser Aufwendungen lässt verschiedene Gewinnzahlen erscheinen. Leider folgen nicht alle Unternehmen dieser Darstellungsform, so dass bei einigen Erfolgsrechnungen wesentliche Informationen fehlen, etwa zum Personalaufwand.

### Wie viel Geld wird für die eigentliche Tätigkeit des Unternehmens ausgegeben?

Idealerweise weisen die Unternehmen ihren Betriebsaufwand detailliert aus. Wie der Name andeutet, gibt dieser die zur engeren betrieblichen Tätigkeit nötigen, wiederkehrenden Ausgaben an. Dazu gehören alle Löhne und Sozialabgaben, welche als Personalaufwand deklariert werden. Der Materialaufwand, also in die Waren einfliessende Rohstoffe, Komponenten und so weiter, sind Vorleistungen verschiedener Art. Der Abzug des Betriebsaufwands vom Umsatz ergibt als erste Gewinnzahl das Ergebnis vor Zinsen, Steuern und Abschreibungen, das sogenannte EBITDA (Earnings before interest, taxes, depreciation and amortization). Das EBITDA gibt die aus der sehr eng gefassten betrieblichen Tätigkeit resultierenden Ergebnisse an, wie wenn das Unternehmen weder Kredite bedienen noch Steuern bezahlen oder die Produktionsmittel erneuern müsste. Auch wenn dies nur eine theoretische Gewinnzahl ist, kann sie doch erhellend sein. Denn entwickelt sich dieses positiv, so sind eventuelle Schwierigkeiten des Unternehmens nicht in der eigentlichen Produktion, sondern eher in anderen Bereichen, etwa einer exzessiven Verschuldung oder bei verfehlten Investitionen, zu suchen.

### Keine einfache Frage: Wo wird investiert?

In der Realität sind zur Aufrechterhaltung der Produktion Investitionen in die physischen Anlagen und in die Technologien nötig. Diese werden in der Erfolgsrechnung nicht aufgeführt, da sie nicht Teil der wiederkehrenden Ausgaben sind. Was den Investitionen am nächsten kommt, sind die Abschreibungen. Die Anlagen sind bereits getätigte, vergangene Investitionen und geben in der Produktion Wert an die hergestellten Waren weiter. Dabei reduziert sich diese Fähigkeit kontinuierlich, die Anlagen nutzen sich ab und verlieren an eigenem Wert. Die Abschreibungen sind also ein verzerrter Ausdruck der Investitionen. Wie weiter oben erwähnt, sind Abschreibungen ein beliebtes Mittel zur Gewinnsteuerung. Wenn man sie zu hoch oder zu niedrig ansetzt, verändert das den Gewinn beträchtlich. Es lohnt sich folglich, in diesem Bereich etwas genauer hinzuschauen. Der Gewinn nach Abzug dieser Abschreibungen auf Sach- und immaterielle Anlagen, das sogenannte EBIT, ist eine weitere Annäherung an den aus der eigentlichen betrieblichen Tätigkeit gewonnen Profit. Diese Einnahmen vor Zinsen und Steuern (Earnings before interest and taxes) werden oft auch als Betriebsergebnis bezeichnet und es gelten ähnliche Überlegungen wie beim EBITDA.

Bei anderen Verfahren werden die zur Berechnung des Betriebsergebnisses notwendigen Ausgaben anders deklariert. Diese werden grob unterteilt in Herstellungs- und Anschaffungskosten einerseits, und Vertriebs- und Verwaltungsaufwand andererseits – das sogenannte Umsatzkostenverfahren. Hier gehen eine Reihe wichtiger Informationen verloren, so besonders der Personalaufwand, aber auch die getätigten Abschreibungen. Die Anwendung solcher Ermessensverfahren zeigen, dass für die Unternehmen und besonders für die Investor:innen die Unterscheidung zwischen den verschiedenen Kosten nicht so wichtig ist. Sie sind ihnen bloss lästige Ausgaben, die den Gewinn schmälern. Für uns ist die Berichterstattung nach Umsatzkostenverfahren eindeutig ein Nachteil, ganz einfach, weil wir weniger Informationen erhalten.

### Welcher Teil des Gewinns geht an die Banken?
Als letzte wiederkehrende Ausgaben bleiben der Finanz- und der Steueraufwand. Im Kapitalismus spielt der Kredit eine wesentliche Rolle in der Produktion und Verteilung von Gütern. Während in der Bilanz die Höhe dieser ausstehenden Kredite angegeben werden, finden sich hier der getätigte Schuldendienst und der Umfang zurückbezahlter Kredite als Finanzaufwand. Der Finanzaufwand zeigt, wie viel des Betriebsgewinns an Banken und andere Kreditgebende fliesst, wie sich diese also an der realen Wertschöpfung bereichern. Nach Abzug dieser Transfers entsteht als weitere Zwischensumme das Ergebnis vor Steuern. Aufgrund dessen wird der Steueraufwand berechnet. Dieser sollte nicht mit den eigentlich getätigten Steuerzahlungen verwechselt werden, die in der Geldflussrechnung ausgewiesen werden.

### Wie viel Gewinn kann ausgeschüttet werden?
Der Steueraufwand ist die Höhe der gezahlten oder noch offenen Steuern, gemessen am Ergebnis für das Jahr. Nach Abzug dieses Aufwands wird der Unternehmensgewinn ersichtlich. Dieser Unternehmensgewinn ist die Kulmination der Erfolgsrechnung. Diese bildet die Grundlage für mögliche Ausschüttungen an die Eigentümer, also für die Dividende an die Aktionär:innen.

### Wo macht eine Firma Geld (also Cash) und wo gibt sie es aus?
Auch wenn aus der Erfolgsrechnung bereits wichtige Informationen zur Lage eines Unternehmens gezogen werden kön-

## Produktionserfolgsrechnung (Gesamtkostenverfahren)

**Umsatz**

- Materialaufwand
- Personalaufwand
- übriger betrieblicher Aufwand

**EBITDA, Ergebnis vor Zinsen, Steuern und Abschreibungen (Earnings before interest, taxes, depreciation and amortization)**

- Abschreibungen und Wertberichtigungen auf Positionen des Anlagevermögens

**EBIT, Ergebnis vor Zinsen und Steuern (Earnings before interest and taxes)**

- Finanzaufwand und Finanzertrag
- direkte Steuern

**Jahresgewinn oder Jahresverlust**

nen, bleiben Lücken bestehen. Die Geldflussrechnung, auch Cash-Flow-Rechnung genannt, kann einen Teil dieser Lücken schliessen. Ähnlich wie der Eigenkapitalnachweis gibt sie an, wie die Veränderung des Cash-Bestands der in der Bilanz angegebenen kurzfristig vorhandenen flüssigen Mitteln zustande kommt. Sie zeigt, wie ein Unternehmen Cash generiert und wo es Cash ausgibt.

Dies ist wichtig, weil gewisse Positionen in der Erfolgsrechnung keine eigentlichen Mittelabflüsse darstellen, sondern blosse Buchungen sind. Ein Aufwand muss nicht zwangsläufig eine Ausgabe sein. Dies trifft besonders auf Abschreibungen und Rückstellungen zu. Die Investor:innen interessieren sich jedoch besonders für die Fähigkeit eines Unternehmens, frei verfügbare Mittel, also Cash, zu generieren, welche den Anteilshabenden ausgeschüttet werden können. Darum wurde in den 1980er-Jahren mit der weiteren Zunahme des Gewichts des Finanzkapitals die Geldflussrechnung immer wichtiger.

Die Geldflussrechnung kann aber auch für uns von Interesse sein, weil sie den Spielraum zur Gewinnsteuerung verringert. Sie zeigt auf, wo Cash generiert und wie es verwendet wird. Ausgehend vom in der Erfolgsrechnung ausgewiesenen Gewinn wird unter Berücksichtigung verschiedener cash-relevanter Ein- und Ausgaben zurückgerechnet und der Geldfluss ermittelt. Dabei wird mit einer Reihe unterschiedlicher Kategorien gearbeitet.

Zum einen wird der Geldfluss aus Betriebstätigkeit (operating cashflow) errechnet. Dort werden nur eigentliche Einnahmen und Ausgaben geführt. Hier können möglicherweise relevante Informationen ausfindig gemacht werden, so beispielsweise die effektiv getätigten Steuerzahlungen. Dann können in der Geldflussrechnung die Investitionen in Sachanlagen ausfindig gemacht werden, und zwar in der Geldflussrechnung aus Investitionstätigkeit, die zudem Einnahmen aus dem Verkauf von Anlagen listet. Ferner gibt es interessante Angaben über die Art und Weise, wie sich Kapitaleigner:innen am Unternehmen bereichern. Die Geldflussrechnung aus Finanzierungstätigkeit gibt unter anderem an, wieviel Cash an die Aktionär:innen mittels der Dividenden bezahlt wurde. Ferner wird der Umfang zurückgekaufter Aktien ausgewiesen, was immer bedeutendere

Mittel zur Bereicherung der Anteilshabenden sind. Schlussendlich gibt dieser Teil der Geldflussrechnung an, wie viel Cash an Kreditgebende zur Schuldbegleichung geflossen ist, oder wie viel an neuen Krediten aufgenommen wurde. Hier kann zum Beispiel ersichtlich werden, wie sich ein Unternehmen zusätzlich verschuldet, um die Aktionär:innen mittels Aktienrückkäufen zu bereichern (sogenannter leveraged buyback).

Diese verschiedenen Ein- und Ausflüsse ergeben den netto Cashflow. Dieser ist ein gutes Mittel, um die engere Fähigkeit eines Unternehmens, Geld zu erwirtschaften, zu betrachten. Der netto Cashflow hilft, mögliche kreative Buchführung zu relativieren, weil eben viele nicht-Cash-relevante Bewertungsänderungen nicht berücksichtigt werden. Auch wird ersichtlich, wodurch eigentlich Geldeinnahmen generiert wurden und besonders auch, wofür sie aufgewendet werden.

### Der Anhang

Bei der Betrachtung der Erfolgsrechnung bemerkten wir, dass die Finanzberichte qualitative Aspekte der Produktion und Verteilung weitgehend ignorieren. Dies wird teilweise durch den Anhang des Geschäftsberichts kompensiert. Den Anhang gezielt zu konsultieren, ist bei Recherchearbeit ganz wesentlich. Er gibt zunächst allgemeine Informationen über das Unternehmen und macht Angaben über die angewandten Rechnungslegungsgrundsätze. Wesentliche Veränderungen des Unternehmens, wie beispielsweise der An- oder Verkauf von Unternehmensteilen, werden aufgeführt, genauso wie Ereignisse, die den Geschäftsgang beeinflussen, wie etwa jüngst die Auswirkungen der Pandemie. Mögliche Risiken werden diskutiert und Chancen für die Entwicklung des Geschäfts antizipiert. Solche Informationen sind wichtig, um den Gehalt der Zahlen des Finanzberichts einzuordnen.

Weiter schlüsselt der Anhang verschiedene Positionen der Jahresrechnung detaillierter auf. In Bilanz und Erfolgsrechnung werden die Posten, welche detaillierter im Anhang ausgewiesen werden, klar mit einer entsprechenden Referenz versehen. Diese präzisierten Angaben stellen den wichtigsten Teil des Anhangs. So wird die geografische Streuung der Umsätze detailliert oder der Beitrag unterschiedlicher Segmente zum

Resultat aufgeschlüsselt. In welchen Regionen und mit welchen Produkten ein Unternehmen primär geschäftet, ist wichtig. Es finden sich weiter Informationen zum Personalbestand und zu den Löhnen. Die Entschädigung des Managements wird auch hier, oder für grössere Unternehmen in einem separat verfassten Vergütungsbericht, festgehalten. Diese Zahlen erlauben es etwa, die Verteilverhältnisse im Unternehmen kritisch zu beleuchten. Es finden sich ausführlichere Informationen zu den Finanzverstrickungen der Unternehmen, so insbesondere auch die Schuldenstruktur. Ferner erhält man mögliche Informationen zur Eigentümerstruktur. Hier, oder sonst im Kapitel des Jahresberichts zur Corporate Governance, werden oft Angaben zu bedeutenden Aktionär:innen geteilt. Dies zeigt, mit wem man es eigentlichen zu tun hat. Und besonders bei Recherchen zur Aktivität multinationaler Unternehmen sind auch die Angaben über die dem Konzern zugehörigen Tochtergesellschaften von Nutzen.

Ein sorgfältiges Studieren der Anhänge kann Indizien für mögliche Gewinnsteuerung liefern. Dafür müssen die Begründungen der relevanten Posten, insbesondere die Rückstellungen, überprüft werden. Diese sind erwartete, zukünftige Zahlungsverpflichtungen. Die im Anhang enthaltenen Angaben zu den Gründen für getätigte Rückstellungen können auf ihre Plausibilität überprüft werden. Gewinne können fallen oder Verluste eintreten, weil hohe Rückstellungen getätigt werden. Solche gewinnschmälernden Rückstellungen können beispielsweise Restrukturierungskosten beinhalten, wie teure Consulting-Gebühren oder Sozialpläne. Restrukturierungen, welche die fallende Profitabilität angehen sollen, schmälern dann paradoxerweise die Gewinne weiter. So kann sich die Restrukturierung auf dem Buckel der Angestellten aus sich selbst rechtfertigen, immer mit dem Ziel der Erhöhung der Profitabilität für die Eigentümer:innen.

Dies sind nur einige Beispiele der teilweise sehr aufschlussreichen Inhalte von Anhängen zur Jahresrechnung. Leider werden nicht immer alle Informationen in der erhofften Form bereitgestellt, auch weil die entsprechenden rechtlichen Anforderungen sehr allgemein gehalten werden. Ferner müssen wir bei Recherchen aufpassen, dass wir uns nicht im umfangreichen

Anhang verlieren. Er sollte mit Neugierde, aber auch mit der nötigen Fokussierung studiert werden. Es stellt sich die Frage, ob beispielsweise die Durchsicht der zehn Seiten zur Finanzlage der Personalvorsorge der Unternehmen wirklich relevant für die anstehende Recherche ist. Grundsätzlich jedoch bietet der Anhang wertvolle Einblicke in die Lage von Unternehmen und bildet eine wesentliche Quelle für die kritische Auseinandersetzung mit den Geschäftszahlen.

# ④ Einmischen

105 Generalversammlung der Konzerne
# Auftritt vor den Aktionär:innen

112 Die «Nachhaltigkeitslüge»
# Greenwashing aufdecken

127 Einladung an den Hauptsitz
# Mit dem Konzern sprechen?

**Generalversammlung der Konzerne**

# Auftritt vor den Aktionär:innen

Wie können wir öffentlich mit Aktionär:innen sprechen? Was gilt es dabei zu beachten? Viele Konzerne treten in der Öffentlichkeit nur durch ihre Gebäude oder durch Werbung und Sponsoring in Erscheinung. Darüber hinaus bieten sie wenig Raum für Konfrontation. Generalversammlungen sind eine Möglichkeit, unsere Kritik an den Konzernen direkt zu platzieren. Wir diskutieren die Chancen und Grenzen einer solchen Intervention.

Arbeitsgruppe MultiWatch

**Generalsversammlungen als Bühne für unsere Kritik**
Machen wir uns keine Illusionen über Aktionärsdemokratie – die wichtigen Entscheidungen der grössten Investmentfonds wurden bereits lange vor der Generalversammlung (GV) getroffen. Die Anlässe finden fast immer zu Tageszeiten statt, an denen der Grossteil der Menschen arbeiten muss.

Generalversammlungen von Grosskonzernen sind vor allem unter pensionierten Mitarbeitenden oder Kleinaktionär:innen beliebt. Viele freuen sich auf den anschliessenden Apéro und das jährliche Wiedersehen mit alten Bekannten. Langredner:innen sind daher nicht gern gesehen, vor allem, wenn sie ihre Plädoyers gegen Ende der Veranstaltung halten. Für eine strategisch gute Positionierung lohnt es sich, wenn wir uns früh in die Liste der Redebeiträge aufnehmen lassen.

Wir gehen nicht an eine Generalversammlung, um das Management zu bekehren. Die Verwaltungsräte und Geschäftsleitungen der Konzerne sind Masken des Kapitals. Sie machen ihren Job. Sie stehen unter dauerndem Druck, die Profite zu halten oder zu erhöhen. Würden sie unseren Forderungen nachkommen, stünden sie schnell auf der Strasse. Ein solches System reagiert nur auf politischen Druck. Generalversammlungen sind für uns deshalb höchstens eine Gelegenheit, Kritik der sozialen Bewegungen gezielt zu äussern und politischen Druck aufzubauen.

Die bestgeplante Aktion, der optimale Redebeitrag und das schönste Transparent an der Generalversammlung sind nur dann nützlich, wenn sie in den sozialen Medien oder von der Presse aufgenommen werden. Mit Aktionen an Generalversammlungen in die Medien zu kommen, ist jedoch nicht einfach. Die Presse in der Schweiz berichtet heute nur noch über Generalversammlungen von Konzernen, die sonst schon mit Skandalen in den Schlagzeilen stehen. Auch Wirtschaftsjournalist:innen schreiben lieber über Jahresberichte und Bilanz-Pressekonferenzen, bei denen sie vieles abschreiben können. In die Medien kommt nur noch, wem es gelingt, Konflikte zu personalisieren oder mit spektakulären Aktionen eingängige Bilder zu produzieren.

Um einem solchen Druck zu entgehen, planen wir von Anfang an, unsere Aktionen und Anliegen nicht via Presse, sondern über die sozialen Medien zu kommunizieren.

Ob für die Presse oder für die sozialen Medien, Medienarbeit ist zentral. Journalist:innen sollten rechtzeitig mit Bildern und Texten bedient und manchmal sogar zur Aktion eingeladen werden. Für die sozialen Medien sollte alles gut gefilmt und fotografiert und die Reden allenfalls im Audio-Format mitgeschnitten werden. Ganz besonders wichtig ist es, allfällige Polizei- oder Security-Aktionen zu dokumentieren. Ebenfalls müssen wir beachten, dass Fotografieren in GVs meistens verboten ist.

Ein kritischer Auftritt an einer GV ist eine Mutprobe. Applaus dürfen wir nicht erwarten. Kritiker:innen werden abgekanzelt, ignoriert oder das Mikrofon wird abgedreht. Die besondere Situation der Corona-Pandemie hat es den Verwaltungsräten zudem erlaubt, Generalversammlungen in den vergangenen Jahren ins Internet zu verlagern und damit noch besser zu kontrollieren, wer überhaupt Fragen stellen kann. Aktionen werden schwierig. Es gibt noch wenig Erfahrungen bezüglich des Auftritts an solchen Online-GVs.

### Die Generalversammlung

Fast alle Schweizer Multis sind Aktiengesellschaften (AGs). Was also ist eine Generalversammlung einer Aktiengesellschaft? Die Generalversammlung ist gemäss Obligationenrecht das Willensbildungsorgan für die stimmberechtigten Aktionär:innen und das oberste Organ der AG (vgl. OR 698 Abs. 1). Sie entscheidet über Unternehmenszweck, Eigenkapital, wählt die Organe (Verwaltungsrat und Revisionsstelle) und genehmigt die Jahresberichte.

In der Realität unterscheiden sich Generalversammlungen kleiner Familienunternehmen und jene grosser und multinationaler Unternehmen stark. Investmentfonds und Banken wie die riesige amerikanische BlackRock halten heute das Gros der Aktien der Schweizer Konzerne. Sie stehen oft in direktem Kontakt mit den Verwaltungsratsmitgliedern und Geschäftsleitungen. Sie fürchten Überraschungen an einer Generalversammlung, weil diese Einflüsse auf die Börsenkurse haben können.

Entscheidungen wie der Verkauf von Syngenta an die chinesische ChemChina waren alle schon gefällt, bevor der Beschluss an der Generalversammlung offiziell wurde. 47 von 57 861 Aktionär:innen besassen bei dieser Gelegenheit 39.9 % des Aktienkapitals. Viele Aktionär:innen lassen sich bei der Generalversammlung ausserdem durch die Depotbank vertreten, die erfahrungsgemäss immer mit dem Verwaltungsrat stimmt. Es gibt also keine Aktionärsdemokratie. Die NZZ schrieb 2013 unter dem Titel «Mythos Aktionärsdemokratie» lakonisch: «Die politische Diskussion lässt anderes vermuten, doch in der Praxis sind Privataktionäre für die Aktionärsdemokratie in Schweizer Publikumsgesellschaften unbedeutend.»

Manchmal gibt es dennoch Proteste an Generalversammlungen, meistens über die unverhältnismässige Entlohnung des Topmanagements. Kleinaktionär:innen beklagen sich dann über finanzielle Verluste. Pensionierte Ex-Mitarbeitende beklagen sich über den Verlust der Unternehmenskultur oder den Verkauf traditioneller Unternehmensteile.

Natürlich gibt es auch kritische Kleinaktionär:innen, die sich für mehr Umweltschutz und Menschenrechte einsetzen. Die Organisation «Actares» beispielsweise prüft die Geschäftsberichte der Konzerne auf Nachhaltigkeit und stellt oft Fragen an den Verwaltungsrat. Ihre Beiträge sind kritisch und höflich. Meistens stellt «Actares» ihre Fragen schon vor der Versammlung und bedankt sich zuerst beim Management. Sie gehört längst zum Standardprogramm der Generalversammlung und spielt die Rolle der Opposition, deren faktische Ohnmacht angesichts der Besitzverhältnisse den Prozess als Naturgesetz erscheinen lässt.

«Actares» ist aber oft bereit, Fragen von anderen Gruppen mit in ihre Redebeiträge aufzunehmen. Wenn wir von einem Konzern keine eigenen Aktien besitzen, kann das sehr hilfreich sein. So kann eine Anfrage von «Actares» an der GV genutzt werden, um die Konzern- und Geschäftsleitung um Informationen zu bitten, Widersprüche aufzudecken und Recherchen zu vertiefen. Ausserdem sind die Dokumentationen solcher Organisationen oft äusserst lesenswert.

Zu den grössten Aktionär:innen der multinationalen Konzerne gehören auch Schweizer Pensionskassen. Diese haben Organe, die von den Versicherten und den Arbeitgebenden gewählt werden. Die meisten Pensionskassen haben weder das Personal noch die Struktur, um an Generalversammlungen Einfluss auf die Konzerne zu nehmen. Viele lassen sich darum von der Stiftung «Ethos» vertreten. Diese Stiftung vertritt aber vor allem die Interessen der Pensionskassen als Aktionär:innen, die auf hohe Profite angewiesen sind, und nicht die Interessen der sozialen Bewegungen.

Gewerkschafter:innen können manchmal versuchen, die Mitbestimmung in der zweiten Säule zu nutzen, um Druck auf die Investitionsentscheidungen von Pensionskassen zu machen.

Trotzdem bleibt die zweite Säule ein kapitalistisches Gefängnis, denn auch die Pensionskassen leben von Dividenden und Aktienkursen der Konzerne (und von Mieten), um die Renten zu bezahlen. Deshalb ist der Versuch einer Beeinflussung oder gar Demokratisierung der Konzerne über Pensionskassen kaum zielführend.

### Aktionsformen

Seit zwanzig Jahren haben Aktivist:innen in der Schweiz die Generalversammlungen der Konzerne als Bühne für ihre Kritik genutzt. Wer keine Aktien des Konzerns besitzt, kann sich vor den Ein- oder Ausgang der Versammlung stellen, Flugblätter verteilen und Transparente hochhalten. MultiWatch etwa hat mit Schutzausrüstungen und Särgen vor den Syngenta GVs posiert. Wichtig bei solchen Aktionen ist, dass sie originell sind und das Thema der Kritik symbolisch aufgreifen.

Widerstandsaktionen müssen nicht unbedingt ausserhalb des Saales stattfinden. Aktivist:innen von Greenpeace rollten 2017 an der Generalversammlung der Credit Suisse eine zehn Meter lange und über 900 Kilogramm schwere Pipeline aus Stahl ins Foyer des Hallenstadions. Solche Aktionen brauchen aber viel Erfahrung und gute Vorbereitung. Dies insbesondere, weil Konzerne für ihre Generalversammlungen heute professionelle Sicherheitsfirmen anstellen.

In den meisten Fällen braucht es für die Vorbereitung solcher Aktionen Vertraulichkeit. Manchmal kann aber auch eine offene Mobilisierung für eine Demonstration vor der GV angesagt sein. Für die Aktion vor der Syngenta GV 2015 hat MultiWatch mit Flugblättern und in den sozialen Medien mobilisiert. Das Syngenta-Management verteilte an der GV dann ein eigenes Gegen-Flugblatt, was die Wirkung der Aktion vermutlich sogar erhöhte.

Einige schweizerische NGOs besitzen jeweils eine Aktie der grossen Schweizer Konzerne, die sie zum Besuch der Generalversammlungen berechtigt. Bei MultiWatch liegen diese Aktien im privaten Portfolio eines Vorstandsmitgliedes und sind dort speziell mit «MultiWatch» gekennzeichnet. MultiWatch als Verein ist es nicht gelungen, Aktien zu besitzen. Um Aktien zu erwerben, ist ein Konto bei einer Bank notwendig. Beim Handel mit Aktien fallen Gebühren an. Eine einzige Aktie reicht, um an der GV sprechen zu können. Wichtig: Um sich für die Generalversammlung anmelden zu können, muss die Aktie mit zeitlichem Vorlauf gekauft werden!

Sind wir im Besitz einer Aktie, können wir uns im Voraus (Anmeldefristen beachten) für die Generalversammlung anmelden und uns in die Liste der Redebeiträge einschreiben. Standardmässig stellt man dort Fragen an den Verwaltungsrat. Es lässt sich kaum vermeiden, dass der Verwaltungsrat dabei die Gelegenheit erhält, Propaganda der Public-Relations-Abteilung zu verbreiten. Die Frage an den Verwaltungsrat können wir allerdings beispielsweise für eine kritische Kampagne in den Sozialen Medien nutzen.

Grösseres Aufsehen erregten Gewerkschafter:innen von Clariant, als sie sich an deren Generalversammlung anlässlich einer Entlassungswelle gleich mit acht Redner:innenbeiträgen einschrieben.

Oft zeigen Stimmen von Konzerngegner:innen aus dem Globalen Süden eine grosse Wirkung. Anlässlich der Übernahme von Syngenta durch ChemChina verlas eine Aktivistin von MultiWatch eine Petition von Verbündeten aus China, die sich gegen die Ausbreitung von Syngenta nach China aussprachen. Ein Bericht über diese Aktion gelangte selbst auf chinesische Internetseiten.

An der Nestlé-Generalversammlung 2004 intervenierten Gewerkschafter:innen wegen eines Arbeitskonflikts in Kolumbien und warfen Nestlé vor, sie unterdrücke die Gewerkschaften. Der Auftritt verärgerte den damaligen Nestlé-CEO Peter Brabeck so sehr, dass der Vorfall in die offizielle Nestlé-Unternehmensgeschichte aufgenommen wurde. Der Auftritt an der Nestlé-GV war zudem der Anlass für die Gründung von «MultiWatch».

Wichtig war damals und ist es noch immer, dass sich die Kritiker:innen dem Ritual des «Wir sitzen alle in einem Boot»-Dialogs entzogen. Aus kapitalismuskritischer Perspektive und konkret aus Solidarität mit Menschen, die direkt von den Konzernen betroffen sind, ist es wichtig, kein Verständnis für das Gebaren der Konzernleitung zu zeigen und nicht mit ihr «in einen Dialog zu treten». → mehr zu den Gefahren des Dialogs im Kapitel «Einladung an den Hauptsitz: Mit dem Konzern sprechen?», S. 127

Neben dem Inhalt der Rede, die manchmal im Protokoll der GV nachgelesen werden kann, ist auch der Ton wichtig.

Wollen wir den Ernst der Lage darlegen? Oder wollen wir die subversive Kraft der Ironie nutzen? Wollen wir uns bezüglich Kleidung von den Aktionär:innen abheben oder nicht? Das muss im Voraus klar sein und zur Situation und zur Person passen. Als Aktionär:in kann man sich an der Generalversammlung vertreten lassen. MultiWatch hat sich so an der Syngenta-Generalversammlung 2015 vom hawaiianischen Lokalpolitiker Gary Hooser vertreten lassen, der die 1000 Aktionär:innen in einem dramatischen Redebeitrag über die Pestizide auf Syngentas Testfeldern auf der Insel Kauai informierte. Die Videos von Gary Hoosers Auftritt in Basel zirkulieren in Hawaii und in der Schweiz noch heute in den sozialen Medien. Dies nicht zuletzt deshalb, weil Security-Leute vor laufender Kamera verhindern wollten, dass Gary Hoosers Ansprache gefilmt wurde.

Dies zeigt, dass Aktionen und Redebeiträge an GVs durchaus eine Wirkung haben können – insbesondere, wenn Betroffene oder Aktivist:innen aus dem Süden zu Wort kommen – und wenn die Aktionen geschickt für die Öffentlichkeitsarbeit genutzt werden.

---

**Rede von Gary Hooser an der GV von Syngenta**

«Syngenta hält sich nicht an unsere Gesetze für die Einrichtung von Pufferzonen zwischen Pestizid-Testfeldern und unseren Schulen und Spitälern. Syngenta hat Kaua'i sogar vor den Richter gezogen. Ich bitte Sie mit allem Respekt, die Klage gegen Kaua'i zurückzuziehen und uns mit derselben Würde und demselben Schutz zu behandeln, den sie den Menschen in der Schweiz geben. Sprayen sie keine Pestizide in meiner Gemeinde, die sie in der Schweiz nicht sprayen dürfen.»

Gary Hooser war Parlamentsmitglied des County Kaua'i. Das Zitat stammt von einer Rede, die er am 28. April 2015 an der Generalversammlung von Syngenta in Basel hielt. Die ganze Rede findet sich unter folgendem Link: youtu.be/KLacLOtjWnU.

---

Die «Nachhaltigkeitslüge»

# Greenwashing aufdecken

Wie überprüfen wir Aussagen von Konzernen über soziale oder ökologische Nachhaltigkeit in Investorenberichten, Nachhaltigkeitsberichten oder Medienstatements kritisch? Am Beispiel des Fachberichtes der NGO Public Eye zum Thema Existenzlöhne arbeiten wir heraus, was globale Modekonzerne in ihren öffentlichen Dokumenten vorgeben zu sein – und wie die Realität dahinter aussieht.

Elisabeth Schenk, Textilexpertin Public Eye

Konzerne porträtieren sich gerne als sozial und ökologisch nachhaltig. Das sehen wir an Statements wie der Verpflichtung zur Einhaltung von Arbeitsrechten und Umweltstandards oder zur Auszahlung existenzsichernder Löhne. Bei genauerer Betrachtung des Jahresberichts, ihrer Websites und Social Media Auftritte oder des Nachhaltigkeitsberichts wird jedoch meist deutlich, dass diese Aussagen eher leere Versprechen als harte Fakten sind.

Um hinter die Fassade der wohlklingenden Nachhaltigkeitskommunikation zu schauen, muss man die Strategien kennen, mit denen sich Konzerne als nachhaltig darstellen – ohne an ihrem tatsächlichen Geschäftsmodell etwas zu ändern. Hierzu müssen die richtigen Fragen gestellt werden:

- Welche Taten stecken hinter den Versprechen der Konzerne? Ein Beispiel für ein Versprechen ist die Einführung eines Existenzlohns.
- Wie definiert der Konzern einen Begriff? Wie beispielsweise «Lohn zum Leben».
- Setzt sich ein Konzern konkrete Zielvorgaben, Zeitpläne? Kommuniziert sie transparent über den Fortschritt? Oder: Bleibt sie vage in der Definition, allgemein in der Zielsetzung und intransparent in der Umsetzung?

All dies sind Aspekte, anhand derer wir die Behauptungen der Konzerne genauer untersuchen und dechiffrieren. Deshalb möchten wir zu Beginn erst einmal auf Fragestellungen aufmerksam machen, die helfen, die Nachhaltigkeitskommunikation zu hinterfragen.

### Nachhaltigkeitsbehauptungen überprüfen – Fragestellungen zur Dechiffrierung der Konzernkommunikation

- **Genaue Definition versus schwammiges Versprechen:** Gibt es eine genaue Definition dessen, was der Konzern umzusetzen oder einzuhalten versucht (wie beispielsweise die Umsetzung von Existenzlöhnen) oder bleibt der Konzern bei allgemeinen, wohlklingenden, aber unverbindlichen Ausdrücken wie «faire Löhne und Arbeitsbedingungen»? Orientiert sich der Konzern mit seiner Definition an internationalen Standards wie beispielsweise der Allgemeinen Erklärung der Menschenrechte oder der Konventionen der Internationalen Arbeitsorganisation (ILO)?

- **Fokus / Betonte Aspekte:** Welche Aspekte betont der Konzern, um sich in einem besseren Licht darzustellen, und welche Aspekte werden bewusst ausgeblendet?

- **Klare Datentransparenz versus undurchsichtige Lieferketten und Geschäftstätigkeiten:** Stellt der Konzern öffentliche Informationen bereit, die eine Verifizierung der Behauptung ermöglichen? Vorsicht wenn nicht! Falls sich der Konzern zu den von uns untersuchten Kriterien nicht äussert, dürfen wir nicht von vornherein annehmen, dass es diese nicht erfüllt. Wir müssen vielmehr davon ausgehen, dass Informationen für eine adäquate Einschätzung fehlen.

- **Nachweise für die gemachten Aussagen:** Welche Nachweise erbringt der Konzern, um die Behauptungen zu stützen? Wie detailliert und vertrauenswürdig sind die Daten? Werden beispielsweise lediglich die Durchschnittslöhne der Fabriken kommuniziert oder die Lohnmarge zwischen dem geringsten und dem höchsten Lohn sowie die Lohnunterschiede zwischen den Geschlechtern?

- **Transparente Kommunikation:** Kommuniziert der Konzern transparent über die Umsetzung der Vorhaben? Falls der Konzern einen Aktionsplan hat: Kommuniziert es regelmässig und transparent über die Fortschritte beziehungsweise die Probleme in Bezug auf die Umsetzung?

- **Darstellung in Dokumenten versus Realität:** Was gibt der Konzern in seinen öffentlichen Dokumenten vor zu sein und wie sieht es wirklich aus? Beispiel Aktionsplan für einen Existenzlohn.

- **Faktor Zeit:** Gibt das der Konzern eine konkrete, zeitgebundene Zielsetzung an, bis wann das Vorhaben (beispielsweise die Einführung eines Existenzlohnes) umgesetzt sein soll oder bleibt es bei einem Verspre-

chen zur Umsetzung ohne Zeitangaben? In der Modeindustrie sprechen mittlerweile einige Konzerne davon, Existenzlöhne zu zahlen, aber bis wann sie dies umgesetzt haben wollen, sagen die wenigsten. Dadurch bessern Konzerne mit einem zeitlich unverbindlichen Versprechen ihr Image auf, ohne etwas unmittelbar an ihrem Geschäftsmodell ändern zu müssen. Dies entlarven wir jedoch, wenn wir aufzeigen, dass eine zeitgebundene Zielsetzung nicht vorhanden ist.

- **Konkrete Meilensteine:** Was macht der Konzern, um das Versprechen / Vorhaben tatsächlich umzusetzen? Glaubwürdigkeit misst sich nicht an Versprechen selbst. Das, was zählt, sind konkrete Taten, um Versprechen tatsächlich einzulösen. Deshalb ist es wichtig zu prüfen, ob es einen Aktionsplan zur Umsetzung des Versprechens gibt, der konkrete Massnahmen beschreibt, die innerhalb eines gewissen Zeitraums umgesetzt werden.

- **Pilotprojekt versus Umsetzung in der gesamten Lieferkette:** Ein häufig anzutreffendes Vorgehen von Konzernen besteht darin, in einzelnen Fabriken punktuell und testweise gewisse Ziele (wie beispielsweise die Auszahlung von Existenzlöhnen) auszuprobieren, indem Löhne schrittweise angehoben werden. Solche Massnahmen bleiben jedoch auf das Pilotprojekt beschränkt und werden nicht auf die gesamte Lieferkette angewandt. Oder es wird nicht kommuniziert, bis wann und mit welchen Meilensteinen eine Ausweitung auf die gesamte Lieferkette angestrebt wird. Hier ist es wichtig, genau hinzuschauen: Ist das Pilotprojekt tatsächlich der erste Schritt für eine breite Umsetzung in der gesamten Lieferkette? Oder handelt es sich nur um ein Prestigeprojekt, das der Verbesserung des Konzern-Images dient?

  Zentrale Fragen in solchen Fällen sind: Kommuniziert der Konzern transparent über Herausforderungen und Fortschritte des Pilotprojektes? Und gibt

der Konzern an, wann und wie die Massnahmen, die
für das Pilotprojekt gelten, auf alle Zuliefererfabriken
ausgeweitet werden sollen?

- **Ausreden, um keine Verantwortung zu übernehmen:**
  Konzerne nutzen viele und sehr kreative Ausreden, um
  längst überfällige Massnahmen wie einen Existenzlohn[14],
  Sicherheitsstandards in Fabriken[15] oder die Zahlung
  der Mindestlöhne während der Covid-Pandemie[16] nicht
  gewährleisten zu müssen. Besonders häufige Ausreden
  haben wir in den obigen Links zusammengestellt. Im
  Mind the Gap Bericht[17] der Nichtregierungsorganisation
  SOMO werden weitere Kommunikationsstrategien
  vom Konzern aufgeführt.

Nach dem Einblick in die kritische Prüfung der Nachhaltigkeitskommunikation von Konzernen, widmen wir uns nun den Aussagen von Konzernen über soziale oder ökologische Nachhaltigkeit in Investorenberichten, Nachhaltigkeitsberichten oder Medienstatements. Wir lernen, wie diese kritisch geprüft werden.

Hinter die Kulissen der Nachhaltigkeitskommunikation zu schauen und aufzuzeigen, was Konzerne nur vorgeben zu tun und was sie tatsächlich umsetzen, ist eine Arbeit, die wir Schritt für Schritt im privaten Recherchekreis vornehmen. Dafür gilt es, ein spezifisches Thema, eine passende Fragestellung und Auswahlkriterien zu definieren, nach denen wir das Handeln eines Konzerns bewerten können (Schritt ①). Nachdem wir die Wahl der Informationsquellen getroffen haben (Schritt ②), können wir mittels eines Analyserasters (Schritt ③) die Daten aus den Informationsquellen systematisch und vergleichend erfassen (Schritt ④). Auf Basis der Analyseergebnisse ist es anschliessend möglich auszuwerten, inwiefern Aussagen zur sozialen oder ökologischen Nachhaltigkeit von Konzernen tatsächlich die zugesagten Veränderungen bewirken oder eben doch nur Versprechen bleiben (Schritt ⑤).

### Schritt ①: Thema wählen, Fragestellung definieren

Um zwischen leeren Versprechen und tatsächlichen Massnahmen zu unterscheiden, müssen wir wissen, welche Themen uns interessieren und was unsere konkrete Fragestellung ist. Möchten wir beispielsweise eine konkrete Definition, die zeitgebundene Zielsetzung oder die transparente Kommunikation eines Themas untersuchen? Nachdem wir uns bewusst gemacht haben, weshalb uns diese Aspekte wichtig sind, erarbeiten wir Kriterien, die eine Überprüfung ermöglichen.

Viele Modekonzerne behaupten beispielsweise von sich, transparent zu sein, die internationalen Menschenrechte und Mindeststandards in Punkto Arbeitsrechte einzuhalten und «faire» Löhne zu bezahlen. Häufig entsteht jedoch ein ganz anderes Bild, wenn genauer hingeschaut wird. Ungleichheit und Ausbeutung sind in den globalen Lieferketten der Bekleidungsindustrie allgegenwärtig. Fragen nach den Produktionsbedingungen gehören deshalb auf den Tisch.

Im Fachbericht zum Thema Existenzsichernde Löhne[18] untersuchte Public Eye, welche Konzerne sich für existenzsichernde Löhne engagieren. Am Beispiel der Umsetzung des Existenzlohnversprechens mittels eines zeitgebundenen Existenzlohn-Aktionsplans werden nun die konkreten Schritte von der Themenwahl über die Fragestellung bis zur Auswahl der Kriterien beispielhaft durchgegangen.

### Konkrete Schritte:
Thema wählen, konkrete Fragestellung entwickeln, Kriterien definieren

→ Zu welchem spezifischen Thema und welchem Konzern möchten wir recherchieren und warum?
Mögliche Themen sind beispielsweise die Transparenz in der Lieferkette oder ob es beim Konzern zur Verletzung von Arbeits- oder Menschenrechten kommt. Beispiele hierfür sind die fehlende Umsetzung eines Existenzlohns, die Nichteinhaltung von Gewerkschaftsfreiheit, irreguläre Arbeitszeiten oder Arbeitsverträge oder aber unsichere Arbeitsbedingungen.

→ **Was ist eine konkrete Fragestellung, die uns dabei hilft, die Nachhaltigkeitskommunikation zu überprüfen?**
In Bezug auf unser zu untersuchendes Beispielthema «Umsetzung von existenzsichernden Löhnen» sähe eine konkrete Fragestellung wie folgt aus: Verfügt der Konzern über einen öffentlich deklarierten und zeitgebundenen Aktionsplan oder eine Strategie, wie es in angemessener Zeit einen existenzsichernden Lohn für alle Arbeiter:innen in seiner Lieferkette erreicht?

→ **Gibt es bereits Expert:innenberichte, -analysen oder -rechercheren, die uns eine Orientierung zum Thema, der Fragestellung, konkreter Kriterien und zum aktuellen Forschungsstand geben?**
- Was wurde zu unserem Thema schon recherchiert und woher kamen in diesen Berichten die Daten?
- Wer erhebt solche Daten am wahrscheinlichsten?
- Was sind vertrauenswürdige Quellen?
- Gibt es dazu schon etwas auf Open-Data-Portalen wie beispielsweise dem Open Apparel Registry[19] für Modekonzerne oder auf der Website der jeweiligen Behörden und Institute?
- Gibt es Interessengruppen, die bereits Daten gesammelt haben?

## Konkrete Schritte und Beispielausschnitt für ein Analyseraster

Aufbauend auf dem im ersten Schritt erarbeiteten Wissen zum Thema und zum Konzern werden in einer (Excel-) Tabelle die konkrete Fragestellung, mögliche Antworten sowie die jeweilig notwendigen Kriterien zur Bewertung des abgefragten Aspekts aufgelistet und so ein Analyseraster erarbeitet.

→ Damit wir die Aussagen der Konzerne adäquat dechiffrieren können, wählen wir klare und eindeutige Auswahlkriterien beziehungsweise Indikatoren, die der Konzern in Bezug auf das zu untersuchende Thema erfüllen muss. In unserem Beispiel zum Existenzlohn handelt es sich um die

Definition des Themas, bei dem wesentliche Indikatoren kursiv dargestellt sind: *Verpflichtet* sich der Konzern *öffentlich*, dass *im eigenen Lieferant:innennetzwerk* ein Existenzlohn gezahlt wird, der für eine *Familie* ausreicht und *innerhalb der regulären Arbeitszeiten* verdient wird? Falls nur ein Teil der Kriterien erfüllt ist oder aber keine Verpflichtung im Verhaltenskodex oder öffentlich zur Zahlung eines Existenzlohns vorhanden ist, wird dies entsprechend als «teilweise erfüllt» oder «nicht erfüllt» eingestuft.

➔ Für die Definition von Auswahlkriterien ist es hilfreich, sich an vergleichbaren Studien und Recherchen zu orientieren (siehe dazu auch Punkt ③ bei «Konkrete Schritte für die Wahl der Informationsquelle»)

**Beispiel für ein Analyseraster**

|   | A   | B | C | D |
|---|-----|---|---|---|
| 1 |     | Question | Answer format | Evaluation |
| 2 | 1   | Living wage commitment | | G = Green / O = Orange / R = Red |
| 3 | 1.1 | Has your company published a clear commitment to ensure a LW* is paid across your supplier network? | Y / N | G if commitment is public, more than just CoC*. But CoC mentions a family, applies to the whole supply chain, earned in standard working week before OT* and bonuses |
| 4 |     | | | O if commitment is there in CoC but does not include all elements, and public statement. Basic needs must be mentioned in CoC. |
| 5 |     | | | R if no commitment in CoC to wages meeting basic needs, only min wage compliance. |

⊙ Ein Beispiel für ein Analyseraster ist nachfolgend zu sehen: Dargestellt ist das Thema (Spalte 2B), die Fragestellung an den Konzern (Spalte 3B), Antwortmöglichkeiten (Spalte 3C), Auswahlkriterien (Spalte 3–5D), Forschungsfrage (Spalte 3E), Ergebnisse (Spalten G–I)

### Schritt ②: Die Auswahl der Informationsquelle

Mit der Auswahl des Themas, der konkreten Fragestellung sowie Auswahlkriterien beginnt die vertiefte Recherche. Im Kapitel «Unterwegs mit der Suchmaschine» sind Tipps, die helfen, im Internet fündig zu werden. Hier geht es um die Art und die Auswahl der Informationsquelle sowie deren Verifizierung.

| E | F | G | H | I |
|---|---|---|---|---|
| Question format in report | | | | |
| | | Levi Strauss | Primark | Inditex |
| Has the company published a clear commitment to ensure a LW is paid across its supplier network? | | ■ (Red filled) | ▥ (Orange striped) | ⋮ (Green dotted) |
| | | Red | Orange | Green |
| *LW = living wage<br>CoC = Code of Conduct<br>OT = overtime | | | | |

### Schritt ③: Analyseraster entwickeln

Um zu möglichst vergleichbaren und objektiven Rechercheresultaten und einer Einschätzung des Konzernverhaltens zu einem Thema zu gelangen, erstellen wir ein Analyseraster. Dieses enthält spezifische Fragestellungen und Kriterien zum Thema unserer Recherche und bietet ein klares Evaluationsraster für unsere Einschätzung. Üblicherweise wird ein solches Analyseraster in einer Exceltabelle angelegt.

### Konkrete Schritte für die Wahl der Informationsquelle

→ **Ausreichend Zeit einplanen**
Wir empfehlen, für die erste Recherche genügend Zeit einzuplanen. Denn nicht alle Informationen finden sich auf den ersten Blick und nur auf einer Website.

→ **Informationsbeschaffung reflektieren**
- Welche Fakten brauchen wir, um das Analyseraster auszufüllen?
- Wo finden wir die Fakten?
- Welche Quellen sind authentisch / verifizierbar / vertrauenserweckend?
- Welche Daten können wir nutzen?
- Welche Personen / Institutionen können uns Auskunft geben?

→ **Definieren der Art der Informationsquellen**
Möchten wir nur öffentlich zugängliche Dokumente verwenden? Mittlerweile ist ein Grossteil dieser Daten online auffindbar – allerdings noch lange nicht alles. Daher stellt sich auch die Frage: Sind wir bereit, Datenpakete einzukaufen? Oder erfassen wir sogar eigene Daten und erarbeiten beispielsweise eine Umfrage, die wir an den Konzern senden und deren Ergebnisse wir auswerten?

→ **Beispiele für Informationsquellen**
- Öffentlich einsehbare Datenbanken und Quellen:
    - Konzernwebsite, Nachhaltigkeits-, Jahres-, Investoren-, Medienberichte

- EDGAR-Datenbank[20] der SEC, einer US-Behörde zum Wertpapierhandel, stellt Konzernberichte in 10-K-Form zur Verfügung. Diese enthalten unter anderem Angaben zur Konzerngeschichte, zur Struktur, zum Gehalt der Vorstände, zu Tochtergesellschaften.
- Staatliche Verwaltung: Inspektionsberichte, Gutachten, Amtsblatt
- Statistiken
- Berichte von internationalen Organisationen und Nichtregierungsorganisationen, wissenschaftliche Studien

- Konzernberichte: Viele Konzerne stellen auf ihre Website Nachhaltigkeitsberichte oder Factsheets zur Produktion bereit, meist als separate PDF-Datei. Auch Jahresberichte (Geschäftsberichte) enthalten manchmal Kapitel mit Informationen zur Lieferkette.
- Social Media: Auch die Seiten in den Social Media wie Facebook, Twitter, LinkedIn oder weitere spezifische Foren ermöglichen es uns, Informationen zu bestimmten Punkten zu erhalten: Personensuche, Anstellungsverhältnisse, Jobausschreibungen, Konzernstrukturen, Tätigkeitsbereiche
- Umfrage an die Konzerne: Mittels einer Umfrage richten wir spezifische Fragen an die Konzerne, ihr genügend Zeit geben, darauf zu antworten (2–4 Wochen) und ihre Antworten in unsere Auswertung einfliessen lassen.

### Verifizierung der Daten anhand unserer Fragestellungen

Wer ist der:die Urheber:in? Welche Interessen verfolgt der:die Urheber:in?
- Kann die gleiche Information von zwei unabhängigen Quellen beschafft werden (Zwei-Quellen-Prinzip)?
- Zwei-Quellen-Prinzip gilt immer; viel Skepsis ist bei Konzerndaten wie Pressemitteilungen, Pressemappen, Pressereisen geboten. Bei unbekannten Urheber:innen ist die Quelle nicht nutzbar.

### Schritt ④: Untersuchung der Informationsquelle und Ausfüllen des Analyserasters

In einem nächsten Schritt untersuchen wir die Informationsquelle – beispielsweise den Nachhaltigkeitsbericht – systematisch nach den Auswahlkriterien und tragen die Daten in das Analyseraster ein.

### Konkrete Schritte: Die recherchierten Daten in das Analyseraster eintragen

⊙ Wir überprüfen, was in unseren Informationsquellen hinsichtlich des zu untersuchenden Themas zu finden ist und bewerten die Aussagen anhand der Auswahlkriterien unseres Analyserasters.

⊙ Anschliessend tragen wir die Antworten entsprechend in unser Analyseraster ein. Falls wir auch nach gründlicher Suche zum Schluss kommen, dass die Konzerne nichts zu dem Themenfeld in der Informationsquelle sagt, tragen wir dies ebenfalls mit dem Vermerk (keine Antwort / keine Informationen dazu gefunden) ein.

⊙ Bei jeder Information, die wir eintragen, achten wir darauf, unsere Quelle zu verlinken, auch dann, wenn die Antwort «keine Information erhalten» lautet.

⊙ Wir denken daran, spezifische Informationen zu eingetragenen Daten stets im Kommentarfeld zu vermerken, damit wir uns zu einem späteren Zeitpunkt klar machen können, weshalb wir diese Einschätzung getroffen haben. Im Kommentarfeld werden optional weitere Hinweise eingetragen, wie beispielsweise die Seitenzahl eines PDF-Dokuments, ein Zitat aus der Quelle oder ein Link zu einer zusätzlichen Quelle.

### Schritt ⑨: Auswertung des ausgefüllten Analyserasters

Die Auflistung aller Informationen im Analyseraster ermöglicht uns nun, eine adäquate Einschätzung vorzunehmen, inwiefern der Konzern die spezifische Fragestellung (in unserem Fall: die Umsetzung eines Existenzlohns) tatsächlich entsprechend der Auswahlkriterien erfüllt oder nicht.

### Konkrete Schritte: Auswertung der Daten

⊛ **Auswertung der Daten**

Mit dem ausgefüllten Analyseraster haben wir die notwendigen Daten, um einzuschätzen, ob der Konzern alle Kriterien erfüllt, ob es sie nur teilweise oder gar nicht erfüllt. Entsprechend können wir einschätzen, ob in puncto sozialer oder ökologischer Nachhaltigkeit eher von einer Behauptung gesprochen werden muss oder ob tatsächlich substanzielle Schritte unternommen werden, um dem Versprechen Taten folgen zu lassen.

**Beispiel 1: «Definition Existenzlohn»**

In unserem Beispiel zum Existenzlohn handelt es sich um die Definition des Themas, bei dem wesentliche Indikatoren kursiv dargestellt sind: *Verpflichtet* sich der Konzern *öffentlich*, dass *im eigenen Lieferant:innennetzwerk* ein Existenzlohn gezahlt wird, der für eine *Familie* ausreicht und *innerhalb der regulären Arbeitszeiten* verdient wird? Falls nur ein Teil der Kriterien erfüllt ist oder aber keinerlei Verpflichtung zur Zahlung eines Existenzlohns vorhanden ist, weder im Verhaltenskodex noch öffentlich, wird dies entsprechend als teilweise oder nicht erfüllt eingestuft.

**Beispiel 2: «Aktionsplan Existenzlohn»**

Der Konzern gibt beispielsweise vor, einen Existenzlohn an die Näher:innen zu zahlen. In unserer Recherche und Datenanalyse haben wir jedoch gesehen, dass der Konzern keinen zeitlich verbindlichen Aktionsplan zur schrittweisen Einführung von Existenzlöhnen in der eigenen Lieferkette festgehalten hat. In diesem Fall muss klargestellt werden, dass trotz der Aussage des Konzerns,

Existenzlöhne zu zahlen, keine Belege für die Umsetzung eines Existenzlohns vorhanden sind. Es ist nicht erkennbar, wie der Konzern schrittweise die Kluft zwischen Mindestlohn und Existenzlohn überbrücken möchte.

Die Crowd-Research von Public Eye[21] bietet weitere Beispiele, wie zum Thema Existenzlohn die Nachhaltigkeitskommunikation von über 200 Konzerne untersucht werden kann.

- Untersuchen wir mehrere Konzerne vergleichend, ist es wichtig darauf zu achten, dass die Interpretation der Daten zwischen den Konzernen möglichst gleich und auch vergleichend vorgenommen wird. Nach Abschluss der Interpretation nehmen wir diesbezüglich einen Quervergleich vor.

- Bevor wir unsere Einschätzung veröffentlichen, prüfen wir, ob wir den Konzern eine Stellungnahme zu unseren Rechercheresultaten ermöglichen möchten. Allenfalls würden wir den Konzern die relevanten Textstellen zukommen lassen, wobei es jedoch lediglich um eine Stellungnahme hinsichtlich der dargelegten Fakten – und nicht unserer Interpretation – geht.

Unsere Datenanalysen sind ein wichtiger Ausgangspunkt für Projekte, Kampagnen oder Rechercheberichte. Wir setzen Konzerne damit unter Druck, Arbeits- und Menschenrechte tatsächlich zu respektieren – und sich nicht nur damit zu schmücken.

Einladung an den Hauptsitz

# Mit dem Konzern sprechen?

Was tun wir, wenn wir vom Konzern zu einem Gespräch eingeladen werden? Was gilt es zu beachten? Für wen sprechen wir (nicht)? Während einer Kampagne gehen wir nicht stellvertretend für die Direktbetroffenen an Gespräche mit der Konzernleitung. Diese Einladungen dienen dem Konzern nur als PR-Manöver, um ihre angebliche Dialogbereitschaft zu zeigen – oder, um einen Keil zwischen Unterstützer:innen und Direktbetroffene zu treiben.

Yvonne Zimmermann, Koordinatorin SOLIFONDS,
und Silva Lieberherr, beide Vorstandsmitglieder MultiWatch

Seit MultiWatch zusammen mit Betroffenen aus dem Globalen Süden – Gewerkschafter:innen sowie Gemeinschaften – auf Menschenrechtsverletzungen durch Schweizer Konzerne aufmerksam macht und dagegen Kampagnen führt, ist es immer wieder vorgekommen, dass wir zu einem Gespräch an den Hauptsitz eines Konzerns eingeladen wurden. Oft haben wir gestaunt, dass uns ein Gespräch angeboten wurde. Denn gleichzeitig fanden Verhandlungen mit den betroffenen Gewerkschaften oder Dorfgemeinschaften entweder gar nicht erst statt oder aber sie kamen nicht vom Fleck. So wurde auch schon einmal ein Gespräch mit einem kolumbianischen Gewerkschafter am Konzernsitz von Nestlé in der Schweiz abgelehnt. Die Konzernleitung wollte sich lediglich auf einen unverbindlichen Höflichkeitsbesuch mit Führung durch den Betrieb in Vevey einlassen, während in Kolumbien die Sicherheitslage von Nestlé-Gewerkschafter:innen kritisch war und diese wiederholt mit dem Tod bedroht wurden.

Für MultiWatch ist klar, dass wir nicht ohne Absprache mit Betroffenen an Gespräche mit Konzernen gehen und schon gar nicht stellvertretend für sie. Falls dies von betroffenen Gewerkschaften oder Gemeinschaften gewünscht wird, versuchen wir in ihrem Namen ein Treffen in der Konzernzentrale zu organisieren und begleiten sie dabei. Gespräche zu konkreten Konfliktsituationen sowie die Suche nach Lösungen müssen jedoch immer gemeinsam mit den Direktbetroffenen geschehen. Ihnen muss die Konzernleitung zuhören, ihre Lösungsvorschläge sind es, die gehört und umgesetzt werden müssen. Unsere Rolle ist es dabei, die betroffenen Gemeinschaften oder Gewerkschaften solidarisch zu begleiten, ihrer Stimme im Sitzland des Konzerns Gehör zu verschaffen, ihre Forderungen aufzunehmen und hier sichtbar zu machen.

### Wem und wozu dient ein Gespräch?
Werden wir als Kampagnenorganisation in eine Konzernzentrale eingeladen, müssen wir uns in erster Linie gemeinsam mit den Betroffenen die Frage stellen, wem oder wozu ein Gespräch dient und ob es sinnvoll sein kann oder nicht. Unter welchen Voraussetzungen kann zu einer Verbesserung der Situation der Betroffenen beigetragen werden? Verhilft ein Dialog allenfalls dem Konzern zu einem besseren Image? Mitunter zeigen sich Konzerne öffentlichkeitswirksam dialogbereit, indem sie Gespräche mit Kritiker:innen im Sitzland führen oder an Podiumsdiskussionen teilnehmen, während

gleichzeitig eine Lösung vor Ort in weiter Ferne ist. Nicht selten streiten sie in Gesprächen und auf Anfragen Menschenrechtsverletzungen ab, spielen Konflikte herunter und sind gleichzeitig bemüht aufzuzeigen, wie sie ihre *Corporate Social Responsibility* wahrnehmen. Manchmal entsteht so fast der Eindruck, als präsentiere sich eine Wohltätigkeitsorganisation.

Kritiker:innen dürfen sich nicht blenden oder vereinnahmen lassen. Ebenfalls gilt es stets zu beachten, dass kapitalistische Unternehmen gemäss ihrer Definition profitorientiert sind. Rechenschaft legen sie in erster Linie gegenüber ihren Aktionär:innen und Investor:innen ab, die ihrerseits an einer hohen Gewinnausschüttung interessiert sind. In den letzten Jahren spielen Nachhaltigkeitsindizes zwar auch für institutionelle Investor:innen eine gewisse Rolle, doch dazu später.

## Klagedrohung und Prozesse:
## Der Fall «Nestlé tötet Babies»

Die Reaktionen multinationaler Konzerne auf Kritik sind sehr unterschiedlich. Einladungen zu Gesprächen sind nur die eine Seite. Immer wieder kommt es auch zu Drohungen oder gar zu Gerichtsklagen gegen NGOs wegen angeblicher Verleumdung. Solche SLAPPs – *strategic lawsuits against public participation* (deutsch: strategische Klagen gegen öffentliche Beteiligung) – haben in letzter Zeit deutlich zugenommen.

Einer der älteren und bekanntesten Fälle drehte sich um den Nahrungsmittelgiganten Nestlé: Nachdem 1974 die Broschüre «Nestlé tötet Babies» erschienen war, verklagte der Konzern die Arbeitsgruppe Dritte Welt Bern wegen übler Nachrede. In ihrer Broschüre hatte die Arbeitsgruppe die aggressive Nestlé-Werbung für Babynahrung angeprangert. Gemäss Werbung sollten Mütter ihren Säuglingen die Flasche geben, statt zu stillen. Dies führte dazu, dass viele Babys infolge der hohen Kosten für Babynahrung und wegen fehlender Sterilisierungsmöglichkeiten starben. Nach zwei Jahren Prozess wurden 13 Mitglieder der Gruppe wegen übler Nachrede im Broschürentitel zu je 300 Franken Busse verurteilt. Gleichzeitig hielt der Richter fest, dass Nestlé mit seinem unethischen Verhalten verantwortlich für den Tod Tausender Kinder sei. Für

Nestlé war die Kampagne eine herbe Niederlage. In der Öffentlichkeit wurde sie breit wahrgenommen. Bis heute wirkt sie nach.

### Dialogangebote und Charme-Offensiven: Der Fall Nestlé und Alliance Sud

Als Nestlé 2005 erneut in der Kritik stand – in Bern fand eine öffentliche Anhörung zum Konzern statt, organisiert von MultiWatch mit Unterstützung von Gewerkschaften und Hilfswerken –, war seine Strategie eine andere. Gewerkschafter:innen aus Kolumbien berichteten vom gewerkschaftsfeindlichen Verhalten und von Massenentlassungen durch den Konzern, aber auch von Drohungen und Übergriffen, denen Gewerkschaftsaktivist:innen ausgesetzt waren, gar von Morden.

Ebenfalls thematisiert wurden die Neuverpackung und -datierung von abgelaufenem Milchpulver sowie Umweltverschmutzung. Eine Teilnahme an der Anhörung lehnte der Konzern ab, zu den Vorwürfen schwieg er. Danach ging Nestlé mit einem «Dialogangebot» auf verschiedene Hilfswerke zu. Dieses mündete in einen fünfjährigen vertraulichen Dialog zwischen Nestlé und Alliance Sud, der Dachorganisation der Hilfswerke. Der Abschlussbericht von Alliance Sud stellte Nestlé ein gutes Zeugnis aus, auch wenn nebenbei festgehalten wurde, dass sich in grundlegenden Fragen nichts verändert hatte.

Für den Konzern war die neue Charme-Offensive ein Erfolg: Nach dem Abschlussbericht von Alliance Sud verzichtete Nestlé auf einen vorgesehenen eigenen Bericht. In der Zwischenzeit war die öffentliche Kritik an Nestlé in der Schweiz zurückgegangen, Hilfswerke äusserten sich kaum mehr zum Konzern. Konflikte wie etwa das Wasserabpumpen, das für lokale Bevölkerungen Wasserknappheit zur Folge hat, oder die Bespitzelung einer attac-Gruppe in der Westschweiz im Auftrag von Nestlé wurden weder in den Medien noch von grösseren NGOs thematisiert. Ebenso weitgehend unbemerkt blieb eine in der Schweiz eingereichte Klage, in der dem Nestlé-Management eine Verantwortung wegen unterlassener Massnahmen bei der Ermordung des kolumbianischen Gewerkschafters Luciano Romero vorgeworfen wird. In den Nachbarländern erregten diese Vorfälle mehr öffentliche Aufmerksamkeit.

## Zwei Reisen zur selben Kohlemine:
## Der Fall Glencore und Säuliamt

Auch der Rohstoffkonzern Glencore ist nicht immer gleich mit Kritik umgegangen. Bis zum Börsengang im Jahr 2011, der mehr Transparenz erzwang, reagierte er kaum auf Kritik. Danach geriet Glencore stärker in den Fokus der Öffentlichkeit – nicht zuletzt, weil der damalige CEO Ivan Glasenberg wegen des Börsengangs auf einen Schlag zu Milliarden gekommen war und infolgedessen mehrere Zürcher Gemeinden unverhofft hohe Steuereinnahmen verzeichneten. Bürger:innen thematisierten an Gemeindeversammlungen, dass am Geld das Blut von Menschen klebe, und forderten, dass dieses an die Produktionsländer zurückgegeben werde. Sechs Gemeinden im Zürcher Säuliamt stimmten im Herbst 2013 darüber ab, einen Teil der durch den Glencore-Börsengang erfolgten Steuereinnahmen an Hilfswerke weiterzugeben. Fünf der sechs Gemeinden stimmten Ja.

Eine Gruppe von Bürger:innen aus dem Säuliamt reiste daraufhin zu indigenen und afrokolumbianischen Gemeinschaften in der Umgebung einer der weltweit grössten Tagebaukohlemine: El Cerrejón in Kolumbien. Diese befand sich zu einem Drittel in Glencores Besitz. Nachdem sich die Bürger:innen schockiert über die Situation geäussert hatten, lud Glencore-CEO Ivan Glasenberg sie zu einer neuerlichen Reise zu den Minen ein. Diesmal nahmen jedoch nur noch ausgesuchte Personen an der Reise teil. Für Glencore trotzdem ein Erfolg: Die Teilnehmer:innen der zweiten Reise waren vom Engagement des Konzerns überzeugt und äusserten wenig bis keine Kritik. Die Situation vor Ort hatte sich derweil kaum verändert.

## Versuchtes Publikationsverbot:
## Der Fall Glencore und MultiWatch

Anders reagierte der Rohstoffkonzern, als er von der bevorstehenden Veröffentlichung eines Buchs von MultiWatch über Glencore erfuhr. Wenige Tage vor dem angekündigten Publikationstermin Anfang 2014 gelangte der Rohstoffkonzern mit einem eingeschriebenen Brief an den Menschenrechtsverein – und der hatte es in sich. Wenn der Verein nicht innerhalb von drei Tagen schriftlich erkläre, dass er auf den ursprünglich gewählten Titel des Buches auf dem Umschlag und wie im Inhalt verzichte, würden juristische Schritte eingeleitet. Diese hätten zu einem provisorischen Buchverbot und zu einem langen und teuren Rechtsstreit führen können. Gleich nach der Veröffentlichung des Buchs mit einem weniger prägnanten Titel ging bereits die nächste Klagedrohung ein. Glencore behauptete, das Buch sei voller «Unwahrheiten, Halbwahrheiten und verzerrender Suggestionen». Der Konzern drohte mit einer Klage, falls der Verkauf nicht vorübergehend eingestellt und danach ausschliesslich mit einer Gegendarstellung von Glencore verbreitet würde. Auf diese Forderung ging MultiWatch nicht ein. Eine genauere Bezeichnung der angeblichen Unwahrheiten wurde verlangt. Ein monatelanger Briefaustausch war die Folge. Glencore behielt sich vor, den Verein oder einzelne Autor:innen zu verklagen. Während der gesamten Zeit wies der Konzern die angeblichen Unwahrheiten und Verzerrungen trotz wiederholter Nachfrage kein einziges Mal aus.

Auch kurz vor der Abstimmung über die Konzernverantwortungsinitiative (KVI) Ende November 2020 versuchte Glencore mit einer Klage zu erreichen, dass die Initiant:innen nicht mehr über die unmenschlichen Zustände in der bolivianischen Mine Porco berichten dürften. Diese hatten auf Kinderarbeit und Umweltzerstörung in der Glencore-Mine aufmerksam gemacht. Nachdem ein Gericht superprovisorische Massnahmen abgelehnt hatte, zog der Rohstoffkonzern seine Klage im Dezember 2020 zurück.

### Nachhaltigkeitsindizes und -labels

Seit Kritik lauter geworden ist, sind insbesondere für institutionelle Investor:innen auch gewisse Nachhaltigkeitsindizes und Nachhaltigkeitslabels zu einem Kriterium dafür geworden, wo sie ihr Geld anlegen. Auch im Konsumgütermarkt werden Labels immer zahlreicher, seit das Umweltbewusstsein von Konsument:innen in den frühen 1990er Jahren zunahm. Für Konzerne sind Labels eine profitable Lösung und so lohnt sich ein genauer Blick. Wer hat die Indizes und Labels erarbeitet? Welche Kriterien werden berücksichtigt, welche nicht und vor allem – wie werden sie kontrolliert und durchgesetzt? Wie stehen Basisorganisationen, die von diesen Konzernen nachteilig betroffen sind, zu den jeweiligen Labels? All dies hilft zu analysieren, ob die jeweiligen Indizes und Labels geeignet sind, um zu mehr Nachhaltigkeit beizutragen, oder ob sie eher einem Greenwashing der Konzerne dienen.

Es zeigt sich immer mehr, dass die meisten Labels dazu dienen, Konzerne und ihre Produkte grün oder weiss zu waschen und Konsum zu legitimieren. Viele Labels sind Initiativen aus der Industrie – die Konzerne zertifizieren sich also selbst. Die involvierten Firmen und Banken, die Händlerinnen und Produzenten, schliessen sich zusammen und entwickeln Labels, Initiativen und Zertifikate, die auf Freiwilligkeit basieren und kaum Sanktionsmassnahmen vorsehen. Wenn Firmen ihre Produkte als «nachhaltig» zertifizieren, versuchen sie gleichzeitig, die Nachfrage danach zu pushen und steigern so nicht nur den Konzerngewinn, sondern auch die negativen Folgen ihrer extraktiven und ausbeuterischen Produktion.

Oft werden solche freiwilligen und sehr schwach kontrollierten und umgesetzten Labels genutzt, um weitergehendere und einklagbare Gesetze zu verhindern oder auch um lokalen Widerstandsbewegungen den Wind aus den Segeln zu nehmen. Trotzdem kooperieren viele NGOs mit Nachhaltigkeitslabels, selbst wenn diese von Konzernen kontrolliert sind, und stärken so deren Glaubwürdigkeit. Wenn wir Konzerne kritisieren, müssen wir ihre Labels, Indizes und Initiativen genauso kritisch unter die Lupe nehmen und aufzeigen, was sie tatsächlich bewirken und ob sie nicht möglicherweise gar dazu führen, Missstände weiter zu verschleiern.

# ⑤ Internationale Vernetzung

137 Internationale Standards nutzen
## Druck ausüben mit Menschenrechten

144 Mit dem UN System gegen Grosskonzerne – der lange Kampf für eine Deklaration der Rechte der Kleinbäuer:innen

---

150 Stimmen aus dem Globalen Süden
## Solidarität im Arbeitskampf

---

150 Widerstandsform
## Utopien, Vernetzung, Bildung, Aktionen: (Klima)-Camp!

---

Internationale Standards nutzen

# Druck ausüben mit Menschenrechten

Wie können wir international Rechte einfordern? Ohne griffige Gesetze können Konzerne mit Sitz in der Schweiz kaum belangt werden, wenn ihre Tochterunternehmen in anderen Ländern Menschenrechte verletzen. Um die Machenschaften dieser Konzerne zu bekämpfen, bleibt uns oft nur der Weg, mit einer Kampagne Druck aufzubauen. Hierbei kann es nützlich sein, wenn wir uns auf Menschenrechte und internationale Standards beziehen – auch wenn letztere wenig demokratische Legitimität oder konkrete Wirksamkeit haben.

Silva Lieberherr, Agronomin HEKS

Oft ist das Ziel einer Recherche oder Kampagne, Druck auf Konzerne und deren Aktionär:innen und Kreditgeber:innen zu erzeugen – durch mediale Aufmerksamkeit der politischen Öffentlichkeit oder die Forderungen wichtiger Kund:innen. Wenn man Beweise hat für besonders schlimme Missetaten wie Kinderarbeit oder Gewalt, kann man damit direkt zu den Medien, Politiker:innen oder anderen Akteur:innen gehen. Oft aber geht es um Formen von Ausbeutung, an die sich die Öffentlichkeit gewöhnt hat, wie etwa Vertreibungen, Wasserverschmutzung oder prekäre Arbeitsbedingungen.

In solchen Fällen ist es hilfreich, wenn man sich auf internationale Standards bezieht und aufzeigt, dass und wie bestimmte Unternehmen diese Standards verletzen. Denn viele Staaten oder Konzerne haben sich öffentlich dazu bekannt, diese Regelwerke zu befolgen. Es ist wichtig, klar zu unterscheiden, welche Regelwerke demokratisch legitimiert sind und welche lediglich Selbstregulierungen von Unternehmen darstellen. Davon hängt ab, ob und wie man sich in seiner politischen Analyse und Argumentation auf die jeweiligen Regelwerke beruft. Doch auch die nicht oder weniger legitimierten und zu Recht auf Grund ihrer mangelhaften Wirksamkeit kritisierten Regelwerke können für die Argumentation nützlich sein. Denn der Nachweis, dass Unternehmen diese Regelwerke verletzen, kann mediale Aufmerksamkeit erzeugen, die wiederum die Möglichkeit für Beschwerden bei den jeweiligen Institutionen bietet. Das sind insbesondere in der breiteren Öffentlichkeit wichtige Argumente. Im besten Fall bewegen sie ein Unternehmen zu Verhaltensänderungen. Es ist aber wichtig, jeweils nach Fall und Kontext so gut wie möglich abzuklären, wie erfolgsversprechend der Bezug auf solche Standards und Regelwerke ist – oder ob er womöglich gar schädlich ist.

### Die Menschenrechte in der Konzernkritik

Der Gedanken der internationalen Solidarität gegen die Ausbeutung von Mensch und Natur durch Wirtschafts- und Finanzakteure ist heute weitgehend ausgehöhlt. Während sich die Globalisierung des Kapitals beschleunigte, entstand wenig praktische Solidarität zwischen den Arbeiter:innenbewegungen in den globalen Warenketten. Bis in die 1980er-Jahre hatte die Idee der Menschenrechte keine besondere Rolle in der internationalistischen Bewegung gespielt. Erst dann wurden sie auch im Bereich der internationalen Solidarität immer wichtiger. Heute sind die Menschenrechte zu einem zentralen Referenzrahmen in der Konzernkritik geworden.

Insbesondere die politischen Menschenrechte sind weit davon entfernt, echte Systemveränderungen zu erreichen. Sie haben aber eine hohe Legitimität, weil fast alle Staaten gewissen Menschenrechtsverträgen zugestimmt haben. Ausserdem haben sie durchaus eine soziale Sprengkraft. Die Menschenrechte müssen von den Staaten geschützt und verwirklicht werden. Die Konzerne müssen sie respektieren.

Die auf den Menschenrechten aufbauenden UN-Leitprinzipien für Wirtschaft und Menschenrechte[22] hingegen richten sich direkt an Firmen. Sie definieren, wie sich Unternehmen verhalten müssen, um die Menschenrechte zu respektieren – sie sind aber nicht bindend. Es handelt sich um Leitprinzipien und deshalb wird nicht beschrieben, was Unternehmen in konkreten Fällen tun müssen. Zu argumentieren, dass ein Konzern die UN-Leitprinzipien nicht eingehalten hat, kann helfen – ist aber manchmal ziemlich abstrakt. Eine wichtige internationale Kampagne gegen die Straflosigkeit der Konzerne ist die Kampagne für verbindliche Regeln der UNO für Konzerne (siehe www.stopcorporateimpunity.org). Diese Verbindlichkeiten haben sich bislang jedoch noch nicht durchgesetzt.

### Weitere internationale Leitprinzipien

Neben den UN-Leitprinzipien gibt es eine ganze Reihe von weiteren internationalen Standards, von denen wir ein paar wenige hier vorstellen möchten. Nochmals: Aus einer politischen oder demokratischen Perspektive haben diese Regelwerke kaum Legitimität. Diese Standards und die entsprechenden Beschwerdemechanismen sind zahnlos, weil ihre Verletzung meist keine Sanktionen oder Strafen nach sich zieht. Sie sind vor allem ein Ablenkungsmanöver, um verbindliche Regeln und Gesetze zu vermeiden. Aber in konkreten Kampagnen können sie helfen.

Ein wichtiger internationaler Standard sind die OECD-Leitsätze für multinationale Unternehmen[23]. Die OECD-Leitsätze sind detaillierter als die der UNO und es gibt sie für die verschiedenen Wirtschaftssektoren. Die OECD-Staaten, also auch die Schweiz, verpflichten sich, alle auf ihrem Gebiet tätigen Unternehmen zur Einhaltung der Leitsätze anzuhalten – auch bei deren Aktivitäten in Drittstaaten. Die OECD-Leitsätze dienen als

Standard für die Unternehmen, aber auch sie sind nicht rechtsverbindlich. Wir können uns jedoch auf diese Leitsätze beziehen, weil die Schweiz sie anerkennt und öffentlich einfordert, dass Unternehmen in der Schweiz sich daran halten. Hilfreiche Tipps dazu, wie wir diese Leitsätze nutzen können, gibt es hier: www.oecdwatch.org

Wenn wir Druck auf einen bestimmten Konzern ausüben wollen, lohnt es sich zu schauen, ob es weitere Standards und Richtlinien gibt, zu denen sich der Konzern verpflichtet hat. Wenn Entwicklungsbanken involviert sind, also öffentliche Gelder und damit Steuergelder, dann können wir uns auf deren Regelwerke beziehen. Das ist sehr häufig der Fall bei Grossprojekten im Globalen Süden wie bei Minen, Plantagen, Staudämmen oder Fabriken. Die relevantesten Standards sind diejenigen der International Finance Corporation[24], des Arms der Weltbank, der Kredite an Private vergibt.

Diese und ähnliche Standards der Entwicklungsbanken sind das absolute Minimum und das muss in unserer Kommunikation auch immer klar gesagt werden. Ein Vorteil solcher Standards ist es jedoch, dass sie oft sehr detailliert in ihren Auflagen sind. Wenn Konzerne nicht einmal diese Standards befolgen, dann kann dies ein starkes Argument sein. Es lässt sich mittlerweile auf den Internetseiten der Konzerne oder der Entwicklungsbanken leicht nachprüfen, ob entsprechende Kredite vergeben wurden. Ist dies der Fall, sind diese Standards verpflichtend und Kreditgeber:innen können deren Einhaltung einfordern. Erzwingen können sie die Einhaltung schlussendlich nicht – ganz zu schweigen von konkreter Wiedergutmachung für die Betroffenen.

Diese verschiedenen Standards und Leitprinzipien, wie auch Labels oder konzerneigene Sorgfaltspflichtrichtlinien, können trotz grosser politischer Vorbehalte interessant sein, um die Aufmerksamkeit von Journalist:innen zu erhalten. Dies wiederum kann helfen, Kund:innen oder Kreditgeber:innen zu informieren, damit diese sich wiederum entschliessen, Druck auf diesen Konzern auszuüben oder keine Geschäftsbeziehung mehr mit ihm zu unterhalten. Aber es geht noch weiter: Es kann auch für die betroffenen Leute ermutigend und stärkend sein, zu wissen, dass die Firma gegen international anerkannte Regelwerke verstösst. Wenn man gleichzeitig die Machtverhältnisse analysiert und die richtigen Forderungen stellt, kann das Kraft und Glaubwürdigkeit geben.

### Ein Beispiel: Der Plantagenkonzern Socfin

Bei der Arbeit zum Plantagenkonzern Socfin, dessen operatives Zentrum in Fribourg liegt, hat Brot für alle[25] und ein breites Netzwerk von anderen Gruppen viele dieser Möglichkeiten kombiniert. Es geht um Landrechte, um die Rechte indigener Gemeinschaften, um Vertreibungen, um Frauenrechte und um Arbeitsrechte. Es gibt Beschwerden bei der International Finance Corporation (IFC), also bei der Weltbank, Beschwerden beim Label RSPO (Roundtable for Sustainable Palmoil) und Klagen bei lokalen und internationalen Gerichten. Besonders interessant ist eine Beschwerde bei verschiedenen OECD-Kontaktstellen in Kamerun. Seit 2010 wurde in langen Verhandlungen zwischen den betroffenen Leuten und dem Konzern ein Aktionsplan ausgehandelt – an den sich der Konzern schliesslich nicht hielt. Seit 2019 läuft ein Gerichtsverfahren in Frankreich, um diesen Aktionsplan als bindend zu erklären – bis zum Erscheinen dieses Buches 2023 läuft der Prozess langsam, aber erfolgreich.

Ausserdem gelang es bei Socfin in Liberia (und anderswo), die Gerichte in Liberia anzugehen. Oft ist es alles andere als einfach, eine Klage vor Ort einzureichen. Gesetzesverstösse zu beweisen und zu dokumentieren ist nur möglich, wenn man Zugang hat zu lokalen Aktivist:innen und Recherchenetzwerken mit Journalist:innen und Anwält:innen. Bei Socfins Plantage Salala in Liberia ist dies gelungen. Betroffene aus 22 Dörfern haben mithilfe der liberianischen Organisation «Green Advocates» eine Klage eingereicht, um ihre Landrechte einzufordern. Alle diese Schritte zeigen, dass Konzerne wie Socfin nicht unantastbar sind.

Es kann Sinn machen, sehr detaillierte, aber nicht gut legitimierte Regelwerke wie die IFC Standards mit besser legitimierten UNO-Standards zu kombinieren – und dabei konsequent im Auge zu behalten, dass diese Regelwerke im Sinne einer Systemkritik verstanden werden müssen. Die Menschenrechte und die Deklarationen und Prinzipien, die auf ihnen beruhen, bilden eine mächtige Sprache, in der man die Forderungen der arbeitenden Klasse oder der Subalternen im Globalen Süden formulieren kann.

Eine wichtige Deklaration der UNO, die auf den Menschenrechten basiert und von sozialen Bewegungen erkämpft wurde, ist die Deklaration zu den Rechten der Bäuerinnen und Bauern. An ihrer Entstehung waren neben vielen Organisationen aus der ganzen Welt auch Brot für alle und HEKS sowie das CETIM beteiligt.

# Mit dem UN System gegen Grosskonzerne – der lange Kampf für eine Deklaration der Rechte der Kleinbäuer:innen

Raffaele Morgantini, Advocacy Officer und CETIM-Vertreter bei den Vereinten Nationen

**Was bedeutet die UNDROP für Kleinbäuer:innen weltweit?**

Die UNDROP (UN Declaration on the Rights of Peasants) ist das Ergebnis eines langen Prozesses von Advocacy-Arbeit und eines politischen Kampfs, aus dem sich die Forderung der Bauernbewegung nach der Schaffung eines rechtlichen Rahmens zur Verankerung der Rechte von Kleinbauern und -bäuerinnen im internationalen Recht herauskristallisiert hat. Die UNDROP stellt konkrete rechtliche und politische Instrumente zum Schutz und zur Förderung dieser Rechte bereit. Sie entspricht den berechtigten und dringenden Forderungen der Landbevölkerung, unter menschenwürdigen Bedingungen sowie unter Achtung ihrer Grundrechte leben und arbeiten zu können. Ebenso wichtig ist es, Bedingungen zu schaffen, die die Kontrolle über die Produktion und Vermarktung ihrer Erzeungisse ermöglichen.

Die Erklärung umfasst 28 Artikel und enthält innovative Rechte wie das Recht auf Land, Saatgut, Biodiversität, traditionelles Wissen, gesunde Umwelt und Produktionsmittel. Darüber hinaus betont die Erklärung das Recht von Kleinbäuer:innen, frei und aktiv an Entscheidungsprozessen mitzuwirken sowie ihr Recht, diesbezüglich Informationen einzuholen, aufzubereiten und weiterzugeben. Die Erklärung versteht sich als inklusive, da sie nicht nur für Kleinbäuer:innen und deren Familienmitglieder gilt, sondern auch für Kleinfischer:innen, Weidetierhalter:innen, indigene Völker des ländlichen Raums sowie für Landarbeiter:innen.

Es ist ausserdem wichtig, die beiden folgenden Elemente hervorzuheben und zu berücksichtigen: Erstens, dass die UNDROP ein Projekt[26] ist, das in bäuerlichen Gemeinschaften als Bollwerk gegen die Verletzung ihrer Rechte und gegen ein Wirtschaftssystem entstanden ist, das seit mehreren Jahrzehnten auf globaler Ebene vorangetrieben wird und sie zugunsten von Agrarkonzernen ihrer Lebensgrundlage beraubt. Ohne den Protagonismus und die Proaktivität der Bewegung wäre es nicht zu dieser UN-Erklärung gekommen. Dieser Prozess ist meiner Ansicht nach ein grossartiges Beispiel dafür, wie internationales Recht von unten errichtet wird. Zweitens ist die Erklärung ein wichtiges Tool beim Kampf gegen den Missbrauch und die Macht des Agribusiness-Sektors sowie für wirtschaftlichen Wandel.

---

Es gibt nicht eine gut entwickelte und eine unterentwickelte Welt, sondern eine einzige, schlecht entwickelte.

Mit diesem Slogan setzt sich CETIM (Centre Europe-Tiers Monde) für eine gleichberechtigte und demokratische Weltordnung ein, die auf internationaler Solidarität und echter Zusammenarbeit beruht. CETIM hat Beraterstatus bei den Vereinten Nationen und unterstützt die sozialen Bewegungen des Globalen Südens dabei, Zugang zu den Schutz-Mechanismen für Menschenrechte der Vereinten Nationen zu erhalten. Ebenso wirkt CETIM mit bei der Ausarbeitung neuer internationaler Menschenrechtsnormen, die soziale Kämpfe auf progressive Weise unterstützen.

---

### Wie stärkt die UNDROP bereits bäuerliche Kämpfe?

Bei der UNDROP handelt es nicht nur um eine Reihe von Menschenrechtsnormen und -bestimmungen, sondern in erster Linie um eine Reihe von Grundsätzen und Wegen, die als eine Art «gemeinsame Roadmap» für die Konzeption gerechter, gleichberechtigter und wirklich nachhaltiger ländlicher Ernährungssysteme, die auf Ernährungssouveränität und dem Streben nach sozialer und ökologischer Gerechtigkeit basieren, dienen sollen.

Nach der Verabschiedung der UNDROP 2018 hat die internationale Bauernbewegung, angeführt insbesondere von La Via Campesina und ihren Verbündeten, sofort mit der Advocacy-Arbeit und der politischen Arbeit begonnen, um Bauernorganisationen weltweit darin zu bestärken, die UNDROP zu nutzen. In diesem Sinne hat die Verabschiedung der UNDROP die Bauernbewegung weiter gestärkt, da sie begann, die Einhaltung und wirksame Umsetzung dieses neuen Rechtsrahmens durch die jeweiligen Behörden auf lokaler, nationaler und regionaler Ebene organisiert zu fordern. Heute schliessen sich Bauernorganisationen mit anderen ländlichen Interessensgemeinschaften und diversen Einrichtungen (zivilgesellschaftliche Organisationen, progressive Stiftungen, Hochschulen, Behörden) zusammen, um gemeinsame Strategien zu formulieren.

### Wie hoffst du, dass Bauernbewegungen und Solidaritätsgruppen die UNDROP nutzen können?

Jede Organisation und Bewegung muss ihre eigene Strategie entwerfen. Ich möchte jedoch ein paar Punkte nennen, die als gemeinsame Nenner betrachtet werden können.

Zunächst gilt es, breitflächige Informations- und Schulungsmassnahmen zur UNDROP durchzuführen. Und dies nicht nur in den ländlichen Gemeinschaften, sondern in der breiten Öffentlichkeit. Zweitens muss die Advocacy-Arbeit fortgesetzt werden, um die Rechte der Kleinbauern und -bäuerinnen zu verteidigen und zu fördern, mit dem Ziel, die Erklärung in allen Ländern zu einer wichtigen politischen und rechtlichen Ressource zu machen. Die Advocacy-Arbeit sollte auf die Überarbeitung lokaler und nationaler Gesetzgebungen im Lichte des

Inhalts der UNDROP abzielen. Es gibt bereits viele Beispiele von Ländern, die die Überarbeitung oder Ausarbeitung neuer, von der UNDROP inspirierter Normen vorantreiben. Darüber hinaus ziehen Richter und Richterinnen in verschiedenen nationalen Rechtsprechungsmechanismen die UNDROP als Referenz und Argument für ihre Entscheidungen heran; auf diese Weise fördern sie konkret die Rechte von Kleinbauern und -bäuerinnen und setzen sie um. Drittens braucht es Monitoring, also eine spezifische und ständige Überwachung der Umsetzung der UNDROP, um so Rechtslücken, Verfehlungen und Verstösse identifizieren zu können.

### Siehst du die UNDROP auch als Chance für andere Kämpfe gegen Grosskonzerne?

Die UNDROP und die durch die Aktivitäten transnationaler Konzerne (TNK) verursachten Probleme stehen in engem Verhältnis zueinander. Agribusiness-TNKs sind die Hauptakteure der heutigen Lebensmittelsysteme. Sie üben – auf Kosten der Kleinbauern und -bäuerinnen – eine Monopolmacht auf die Lebensmittelketten aus. Generell kann man sagen, dass die Praktiken der Agribusiness-Konzerne in krassem Gegensatz zu den Bestimmungen der UNDROP stehen. Die Erklärung wurde daher mit dem Ziel erarbeitet, stabile Rechtsnormen zu schaffen, um gegen die Macht der Konzerne anzukämpfen und Kleinbauern und -bäuerinnen konkrete Normen und Prinzipien zur Verfügung zu stellen.

In Artikel 17 ist zum Beispiel das Recht auf Land und andere natürliche Ressourcen verankert. Der Zugang zu Land, Wasser, Wäldern und Weiden ist eines der grössten Probleme der Landbevölkerung, da ihr häufig eine angemessene Verteilung und Agrarreformen vorenthalten werden. Agribusiness-TNKs übernehmen die Kontrolle über Anbauflächen. Die Anerkennung des Rechts auf Land und dessen Umsetzung bedeutet, dass Kleinbauern und -bäuerinnen dieses Recht vor Gericht einklagen und sich so gegen jegliche Versuche wehren können, sie von ihren Grundstücken zu vertreiben. Sie könnten dieses Recht sogar dazu nutzen, die Behörden zur Förderung von Agrarreformen und zur Umverteilung von Land aufzufordern.

Auch Artikel 19 über das Recht auf Saatgut spielt beim Kampf gegen Grosskonzerne eine wichtige Rolle. Agribusiness-TNKs nutzen ihre Monopolmacht über landwirtschaftliches Saatgut, um ihre Sorten und Preise durchzusetzen. Kleinbauern und -bäuerinnen sehen sich gezwungen, industrielles Saatgut zu verwenden, und werden dadurch von Düngemitteln und Pestiziden abhängig. Die Praktiken der TNKs sind durch verbindliche Gesetze auf nationaler Ebene und durch internationale Konventionen über geistige Eigentumsrechte geschützt. Die UNDROP hat das Recht auf Saatgut verankert, um Kleinbauern und -bäuerinnen das Recht zu garantieren, ihr Saatgut zu züchten, aufzubewahren oder auszutauschen. Kleinbauern und -bäuerinnen haben nun die Möglichkeit, dieses Recht in gerichtlichen Verfahren durchzusetzen, um ihre Autonomie gegenüber den TNKs zu stärken.

Soziale Bewegungen und Organisationen können sich heute im Kampf gegen die Macht der Konzerne auch auf weitere Rechte stützen, die in diesem historischen Instrument verankert wurden. So etwa das Recht auf einen angemessenen Lebensstandard, eine menschenwürdige Existenzgrundlage, die Produktionsmittel, auf eine gesunde Umwelt, das Recht auf Biodiversität oder das Recht auf Wasser. Nicht zuletzt regelt die UNDROP auch den Punkt Freihandelsabkommen, da die Staaten verpflichtet sind, internationale Standards und Abkommen in Übereinstimmung mit ihren Verpflichtungen hinsichtlich der Rechte von Kleinbauern und -bäuerinnen zu entwickeln, auszulegen und anzuwenden.

> **Genf ist das UN-Hauptquartier für Menschenrechte. Welche Chancen ergeben sich daraus für Anti-Corporate-Gruppen in der Schweiz, wenn sie mit betroffenen Gruppen auch anderswo solidarisch zusammenarbeiten?**

Das UN-System bietet sozialen Bewegungen und Organisationen im Kampf gegen Grosskonzerne auf verschiedenste Weise Unterstützung. Es gibt verschiedene Mechanismen zum Schutz der Menschenrechte, bei denen Berichte und Beschwerden über bestimmte Verstösse eingereicht werden können. CETIM ist in

Genf vertreten und innerhalb der Vereinten Nationen tätig. Wir arbeiten direkt mit den Rechteinhabern, mit den sozialen Bewegungen und mit Organisationen zusammen, die gewillt sind, die UN-Mechanismen für ihren lokalen und nationalen Kampf zu nutzen.

Abschliessend möchte ich noch die Kampagne für ein verbindliches UN-Übereinkommen über TNKs und Menschenrechte erwähnen. Soziale Bewegungen und betroffene Gemeinschaften fordern seit Jahren die Schaffung eines rechtlichen Rahmens, um transnationale Konzerne in ihrer Tätigkeit in die Pflicht zu nehmen und sie im Falle der Nichteinhaltung der im Übereinkommen festgelegten Verpflichtungen zu sanktionieren. Der Verhandlungsprozess ist ständig bedroht, da sich Konzernlobbies und westliche Staaten gegen die Ausarbeitung eines Übereinkommens, das diesen Namen verdient, stark machen. Der Prozess muss breiter unterstützt und die Advocacy-Arbeit auf Staatsebene fortgesetzt werden.

Mehr dazu:
- Schulungsunterlagen von CETIM zu den wichtigsten Aspekten und Rechten der UNDROP (auf Englisch): www.cetim.ch/factsheets-on-peasants-rights
- «UN Declaration on the Rights of Peasants. A tool in the struggle for our common future», Buch von CETIM über die UNDROP (kostenloser Zugriff auf das E-Book): www.cetim.ch/product/e-book-the-un-declaration-on-the-rights-of-peasants
- Im Dezember wurde eine neue Homepage von CETIM, La Via Campesina, FIAN International sowie der Geneva Academy for Human Rights and International Humanitarian Law lanciert, die sich für die Verbeitung der UNDROP einsetzt: defendingpeasantsrights.org
- CETIM ist der UN-Koordinator der Global Campagin to Dismantle Corporate Power and Stop Impunity hinsichtlich eines verbindlichen internationalen Regelwerks (Binding Treaty for Transnational Corporations on Human Rights). Mehr dazu unter: www.stopcorporateimpunity.org/binding-treaty-un-process

**Stimmen aus dem Globalen Süden**

# Solidarität im Arbeitskampf

Wie können wir Menschen im Globalen Süden unterstützen, die von Menschenrechtsverletzungen durch Schweizer Konzerne betroffen sind? Wichtig ist der Austausch und eine gemeinsame Definition, wie der Widerstand gegen den Konzern aussehen soll. Dieser sieht von Fall zu Fall unterschiedlich aus. Zwei Aktivist:innen, die sich in Peru und Kolumbien im Arbeitskonflikt mit Tochterunternehmen von Glencore befinden, waren im Jahr 2022 anlässlich der Glencore Generalversammlung in der Schweiz. Sie berichteten uns über ihren Arbeitskampf und wie wir sie unterstützen können.

**Bitte stellt euch und eure Organisation kurz vor.**

*Gianina Echevarría:* Ich heisse Gianina Echevarría, bin Rechtsanwältin und arbeite im Arbeitsförderungsprogramm. Darüber hinaus bin ich Koordinatorin von CNV Internationaal in Peru. Im Rahmen meiner Tätigkeit berate ich die Bergbauarbeitergewerkschaft der Metallfördermine Andaychagua des Bergbaukonzerns Volcan Compañía Minera und der Spezialunternehmen, Auftragnehmer sowie Vermittlungsfirmen, die in der Mine in Andaychagua Dienstleistungen für Volcan erbringen. Volcan ist ein Tochterunternehmen von Glencore.

*Luis Fernando Ramírez Miranda:* Ich heisse Luis Fernando Ramírez Miranda und bin derzeit Präsident der Zweigstelle der Gewerkschaft Sintramienergética in La Jagua de Ibirico sowie Generalsekretär von Sintramienergética Nacional.

Ich bin zuständig für die Lagerkoordination bei der Firma Carbones de La Jagua, einem Unternehmen der Prodeco-Gruppe, die dem Schweizer Konzern Glencore gehört. Zu dieser Gruppe gehören auch C.I Prodeco, Consorcio Minero Unido und Puerto Nuevo Santa Marta. Ich bin 48 Jahre alt, Kolumbianer, verheiratet und habe drei Kinder. Ich arbeite seit 18 Jahren in diesem Unternehmen und bin seit 16 Jahren Gewerkschaftsführer.

**Ihr befindet euch aktuell in Arbeitskonflikten mit den Tochterunternehmen von Glencore. Beschreibt uns bitte diese Arbeitskonflikte.**

*Gianina Echevarría:* Die Gewerkschaft der Andaychagua-Mine beschloss eigenständig, ihr internes Regelwerk (Statuten) zu ändern, um die in dieser Mine tätigen Leiharbeitnehmer:innen aufnehmen zu können. Obwohl keine Informationspflicht bestand, wurde diese Entscheidung Volcan/Glencore mitgeteilt, worauf das Unternehmen in einem offensichtlichen Akt der Einmischung in gewerkschaftliche Belange bei der Arbeitsbehörde den Antrag stellte, die Eintragung der Statutenänderung für nichtig zu erklären. Noch während die Behörde den Antrag prüfte und die Gewerkschaft der Andaychagua-Mine intervenierte, um ihre Autonomie zu verteidigen, leitete Volcan/Glencore eine Untersuchung wegen angeblich ungerechtfertigter Abwesenheit vom Arbeitsplatz gegen Alex Tinoco, den Generalsekretär der Gewerkschaft, ein. Ohne den Druck von nationalen und internationalen Gewerkschaften wäre Alex Tinoco höchstwahrscheinlich Opfer einer willkürlichen Kündigung geworden.

Als sich die Arbeitsbehörde weigerte, dem Antrag von Volcan/Glencore stattzugeben, legte die Gewerkschaft der Andaychagua-Mine ihren Forderungskatalog 2021–2022 vor, um ihr Recht auf Tarifverhandlungen wahrzunehmen. Volcan/Glencore lehnte jedoch mit der Begründung ab, dass man bereits mit einer anderen gewerkschaftlichen Organisation verhandle – obwohl das nicht unvereinbar gewesen wäre mit einer gleichzeitigen Verhandlung mit der Gewerkschaft der Andaychagua-Mine. Dies hatte die Arbeitsbehörde im Übrigen in ihren Beschlüssen – die von Volcan/Glencore ignoriert wurden – auch so festgehalten.

Aufgrund des mehr als viermonatigen Zauderns von Volcan/Glencore beschloss die Gewerkschaft, an mehr als 60 aufeinanderfolgenden Tagen zu streiken. In diesem Zeitraum organisierte die Arbeitsbehörde über 30 erfolglose Gespräche mit den beiden Parteien. Obwohl Volcan/Glencore daran teilnahm und erklärte, eine Lösung des Konflikts anzustreben, kündigte es einem Gewerkschaftsmitglied, das sich am Streik beteiligt hatte. Zwischenzeitlich arbeitet das betreffende Mitglied auf richterliche Anordnung wieder in der Mine in Andaychagua.

Die Arbeitsbehörde griff auf ungewohnte Weise ein und beendete den Streik mit einem Schiedsspruch, in dem sie die Aufnahme von Tarifverhandlungen zwischen Volcan/Glencore und der Gewerkschaft der Andaychagua-Mine anordnete. Das Unternehmen widersetzte sich jedoch den Anordnungen der Behörde und reichte eine Anfechtungsklage ein. Das Einlegen dieses Rechtsbehelfs entbindet Volcan/Glencore jedoch nicht von der Erfüllung seiner Pflicht. Somit handelt das Unternehmen rechtswidrig und verletzt die Rechte der Gewerkschaft der Mine weiterhin. Es ist der Gewerkschaft bis heute nicht gelungen, den Tarifvertrag 2021–2022 abzuschliessen.

Zu diesen gewerkschaftsfeindlichen Handlungen kommt der unrechtmässige Abzug von Gewerkschaftsbeiträgen zum Nachteil der Mitglieder der Gewerkschaft der Andaychagua-Mine hinzu. Die Arbeitsaufsicht stellte in ihrem Prüfbericht Nr. 110 – 2 022-SUNAFIL/IRE-JUN einen Verstoss fest und verhängte eine Geldbusse von 101 246.00 Sol, umgerechnet

26 163.00 US-Dollar. Dazu kommt, dass sich Volcan/Glencore weigert, mit der Gewerkschaft der Andaychagua-Mine über den Forderungskatalog 2022–2023 zu verhandeln. Das tut der Konzern bereits das zweite Jahr in Folge und verletzt somit die Menschenrechte der angeschlossenen Arbeitnehmenden.

*Luis Fernando Ramírez Miranda:* Mit der Firma Carbones de La Jagua wurden in der Vergangenheit eine Reihe von Arbeitskonflikten ausgetragen. Die schwierigsten dieser Verhandlungen endeten in Streiks, die längste Arbeitsniederlegung fand 2012 statt und dauerte 98 Tage. Sie wurde vom Gericht für unrechtmässig erklärt und hatte die Entlassung des Gewerkschaftsvorstands für diesen Zeitraum (2012–2014) – insgesamt mehr als 27 Entlassungen – zur Folge, da nicht nur der Vorstand, sondern auch andere angeschlossene Genossen betroffen waren.

Nach diesem Streik waren die Beziehungen zwischen Arbeitgeber und Arbeitnehmenden seitens des Unternehmens von Feindseligkeit geprägt. Es verletzte mehrere Punkte des Tarifvertrags, verweigerte Lohnerhöhungen und konnte nur mittels Gerichtsentscheid dazu gebracht werden, diese zu gewähren.

Die ständigen Verletzungen unserer Rechte führten dazu, dass wir Beschwerden beim Ministerium für Arbeit sowie bei anderen Kontrollinstanzen einreichten.

Derzeit befinden wir uns im schwierigsten Arbeitskonflikt mit dem schweizerischen Konzern überhaupt. Begonnen hat es mit der Rückgabe der Schürfrechte seiner Unternehmen an die Minen La Jagua de Ibirico und Calenturitas im Departement Cesar an den kolumbianischen Staat. Dort wurden mehr als 19 000 000 Tonnen Kohle abgebaut und in europäische Länder exportiert. Im Zuge der Rückgabe dieser Schürfrechte wurden über 7000 direkt und indirekt angestellte Arbeitnehmende entlassen und die umliegenden Gemeinden, deren Wirtschaft sich um die Minen drehte, schwer in Mitleidenschaft gezogen. Die Wirtschaft liegt am Boden, die irreversiblen ökologischen Schäden fordern durch die Klimaerwärmung ihren Tribut. Die Lage ist trostlos und gekennzeichnet durch einen Anstieg von Armut, Kriminalität und Prostitution von bereits sehr jungen Menschen. Es bleibt zu hoffen, dass die jetzige Regierung unter

Gustavo Petro die Mittel für eine gerechte Energiewende und Umschulungsmassnahmen in der Region bereitstellt.

Es fanden bereits Dialoge, öffentliche Anhörungen und Treffen unter anderem mit den Ministerien für Bergbau und Energie, Landwirtschaft, Umwelt sowie für Arbeit, der nationalen Bergbaubehörde, der nationalen Behörde für Umweltgenehmigungen, lokalen Bürgermeister:innen und Gouverneur:innen, Senator:innen und zahlreichen anderen Akteur:innen, wie zum Beispiel führenden Persönlichkeiten aus der Zivilgesellschaft sowie Organisationen wie NGOs und Gewerkschaften, statt. Sie alle bemühen sich, die ländliche Wirtschaft, den Tourismus und andere saubere und umweltfreundliche Energien zu fördern mit dem festen Ziel einer Überwindung der arbeitsrechtlichen und sozialen Schwierigkeiten.

Ungeachtet dieser Dialoge und Aktionen setzen die Unternehmen ihre Angriffe auf die Gewerkschaftsführer und Arbeitnehmenden fort, die noch an das Unternehmen gebunden sind, einige von ihnen nach Artikel 140 des kolumbianischen Arbeitsgesetzes, der vorsieht, dass die Lohnfortzahlung für das Verbleiben zu Hause erfolgt, ohne dass eine Leistung erbracht wird oder ein Vertrag besteht. Seit März 2020 befinden sich mehr als 70 % der Belegschaft des Unternehmens in dieser Situation, einige wurden entlassen, andere haben einen Plan über eine freiwillige Pensionierung in Anspruch genommen, der ihnen im Rahmen einer Vergleichsvereinbarung angeboten wurde, um zukünftige Forderungen zu vermeiden.

Die Belegschaft zählt gegenwärtig nicht mehr als 160 Arbeitnehmende, von denen 59 bei Carbones de La Jagua, 71 beim Consorcio Minero Unido und der Rest bei Prodeco tätig sind. In La Jagua sind nur 72 Arbeitnehmende der Gewerkschaft Sintramienérgetica angeschlossen.

Der Vorstand von Sintramienérgetica wird zu Gerichtsverhandlungen vorgeladen, damit der Kündigungsschutz aufgehoben und die Arbeitnehmenden entlassen werden können. Geleitet werden die Verfahren am Gericht Nr. 1 des Gerichtsbezirks Chiriguana von der Richterin Magola Gómez, die bereits ihre Absicht bekundet hat, den Forderungen des Unternehmens stattzugeben, damit Kündigungen ausgesprochen werden können.

Im Ministerium für Arbeit wartet man auf den letzten Entscheid über den Antrag auf Massenentlassung all jener Arbeitnehmenden, die keinen Kündigungs- oder Gewerkschaftsschutz geniessen. Es sollen auch noch Gerichtsverfahren zur Aufhebung des gesundheitsbezogenen Kündigungsschutzes von etwa 20 Arbeitnehmenden stattfinden.

Das ist die aktuelle Situation der Arbeitnehmenden der Unternehmen der Prodeco-Gruppe von Glencore, das unter anderem mittels Verzichts auf seine Schürfrechte dem Unternehmen BHP Billiton für mehr als 7 Mrd. US-Dollar. 33.3 % der Aktien des grössten kolumbischen Bergbauunternehmens – El Cerrejón im Departement La Guajira – abgekauft hat. Was sind wohl die Absichten eines solchen Unternehmens?

**Wurdet ihr bei diesem Arbeitskonflikt von anderen Ländern unterstützt? Falls ja, in welcher Weise?**

*Gianina Echevarría:* Eine Reihe von kolumbianischen Gewerkschaftsorganisationen von Glencore hat uns mit Solidaritätsbekundungen unterstützt, CNV Internationaal hat uns mit unseren Kampagnen in den sozialen Medien geholfen, von SOLIFONDS erhielten wir finanzielle Unterstützung für die Durchführung des Streiks und die Bekanntmachung unseres Arbeitskampfs in den sozialen Medien, vom Schweizerischen Gewerkschaftsbund gingen Solidaritätsbekundungen seiner Mitglieder ein. Die Organisationen zeigten sich sehr solidarisch, und wir stehen immer noch mit einigen von ihnen (SOLIFONDS und Gewerkschaft Unia) in Kontakt, um internationale Beschwerdeverfahren einzuleiten.Wir sind allen Organisationen sehr dankbar.

*Luis Fernando Ramírez Miranda:* Ende April und Mai waren wir in der Schweiz und nahmen an der Aktionärsversammlung von Glencore in Zürich teil. Dort trafen wir uns später noch mit Vertretern des SECO, dem Ständerat Carlo Sommaruga und Luca Cirigliano vom Schweizerischen Gewerkschaftsbund SGB-USS, sowie den Genossen von SOLIFONDS, die uns während unseres Aufenthalts in der Schweiz sehr unterstützt haben. Bei all diesen Treffen haben wir unsere Probleme erläutert und um Unterstützung durch die Schweiz bei der Kontrolle des Vorgehens dieses multinationalen Konzerns gebeten. Es wurde uns gesagt, dass man über die Botschaften unseres Landes aktiv werden müsse, damit die kolumbianische Gesetzgebung eingehalten werde. In der Schweiz halte sich Glencore an die Vorschriften, und somit gebe es keinen Grund, den Konzern zu sanktionieren. Sehr schwierig, aber verständlich. Mit anderen Worten: Die Situation ist bekannt, aber die Schweizer Regierung kann nicht viel tun.

> **Wie können Aktivist:innen und andere Organisationen / Gewerkschaften in der Schweiz euch am besten unterstützen?**

*Gianina Echevarría:* Indem sie auf den sozialen Netzwerken über die Situation hier in Peru, insbesondere über die Arbeitnehmenden, die sich der Gewerkschaft der Andaychagu-Mine angeschlossenen haben, berichten. Es ist sehr wichtig, dass die Menschen wissen, was hier passiert und dass unser Kampf in der Schweiz sichtbar wird. Wenn uns zivilgesellschaftliche Organisationen mit der Verbreitung und Weitergabe unserer Botschaft unterstützen, werden die Arbeitnehmenden hier erkennen, dass sie nicht allein sind.

Wichtig sind auch Briefe oder Solidaritätsbekundungen von Schweizer Organisationen / Gewerkschaften zur Unterstützung der Aktionen der Gewerkschaft der Andaychagua-Mine.

*Luis Fernando Ramírez Miranda:* Mittels Verbreitung von Informationen über die vom Unternehmen begangenen Verstösse in Arbeits- und Umweltfragen, mittels Einlegen von Beschwerden auf internationaler Ebene, moralischer Unterstützung und Solidarität mit den Arbeitnehmenden und ihren Organisationen. Mit Ressourcen für die Verfahren, die wir derzeit führen und die wir aufgrund des Rückgangs unserer Mitgliederbasis übernehmen müssen, um unsere Arbeitsplätze weiter zu verteidigen.

Mit Recherchen zu den Verfahren gegen den Konzern, damit in Erfahrung gebracht werden kann, wie sie ausgehen.

Mit Schulungen und Erfahrungsaustausch, damit wir unsere Lebenspläne verbessern und trotz der Krise vorankommen können.

**Auf welche Aktivitäten sollten Aktivist:innen in der Schweiz besonders achten?**

*Gianina Echevarría:* Handlungen, die unserem Arbeitskampf schaden würden:

Verbreitung verzerrter oder falscher Nachrichten über die Lage der Minenarbeitenden in Peru.

Verbreitung von Fotos oder Videos, die nicht in den sozialen Netzwerken der Gewerkschaft der Andaychagua-Mine oder in den Kommunikationsmedien verbündeter Organisationen veröffentlicht wurden.

Unterlassung von Unterstützung und Solidarität im Hinblick auf den Kampf zur Verteidigung der Menschenrechte der Minenarbeitenden.

**Was sind die grundsätzlichen Risiken für die Arbeiter:innen, die sich für ihre Rechte einsetzen?**

Unser Leben und das unserer Familien ist immer in Gefahr. Der Kampf für unsere Rechte ist in Kolumbien mit einem hohen Risiko verbunden – wir werden sowohl von Unternehmensvertreter:innen als auch von Machthaber:innen verfolgt.

Dann gibt es andere, geringfügigere Risiken, wie beispielsweise, dass wir entlassen werden und in der Schattenwirtschaft landen, weil die Unternehmen uns nach der Entlassung nicht wieder einstellen.

Auch sind unsere Gesundheit und Integrität in Gefahr.

Häufig müssen wir uns dem Druck beugen, um unseren Arbeitsplatz und unsere wirtschaftliche Stabilität zu erhalten, damit wir unsere Familien versorgen können.

Vielen Dank für eure Aufmerksamkeit, Unterstützung und euer Interesse an unserer Situation.

Widerstandsform

# Utopien, Vernetzung, Bildung, Aktionen: (Klima)-Camp!

Wie organisieren wir ein Camp? Was brauchen wir dazu? Wie können wir damit unsere Konzernkritik vorantreiben? Mit unzähligen Tipps und Tricks nehmen wir uns einer ganz bestimmten Form des Widerstands an: den Camps. Es sind Orte, an denen direkte Aktionen sich mit Bildungsarbeit und Vernetzung verbinden. Dabei nie vergessen geht der Anspruch einer gelebten Utopie oder Alternative.

Filou, Charlie und Wikki, Aktivist:innen des Collective Climate Justice

Vorbemerkung: In den letzten sechs Jahren haben wir verschiedene Camps als Collective Climate Justice (CCJ) und als Teil von grösseren Zusammenschlüssen organisiert. Die Erfahrungen und das Feedback vieler Menschen, welche die Camps mitgestalten und an ihnen teilgenommen haben, motivierte uns, weitere Camps durchzuführen und schlussendlich auch diesen

Text zu schreiben. Dennoch sehen wir uns nicht als absolute Expert:innen des Organisierens von Klimacamps, geschweige denn, dass wir alles wüssten, was es hierzu zu wissen gibt. Wir haben viel von der Erfahrung anderer profitiert und lernen ständig weiter dazu. Falls du, liebe:r Leser:in dieses Kapitels, auch schon Erfahrungen gesammelt hast, die du gerne teilen würdest, oder Kritik oder Ergänzungen hast: Melde dich gerne bei uns!

Dieser Text wurde von einer Person des Collective Climate Justice verfasst und von zwei weiteren ergänzt und spiegelt nicht notwendigerweise die Meinungen und Haltungen des ganzen Kollektivs wider.

### Hintergrund und Kontext

Klimacamps werden von vielen als Herzstück der Klimagerechtigkeitsbewegung bezeichnet. Erstmals trafen sich Anfang der 2000er-Jahre Menschen in England zu einem Klimacamp, um ihren Protest gegen ein Kohlekraftwerk zu intensivieren. Bereits damals diente das Camp zur Vernetzung, Bildung und als Basis für Aktionen und Demonstrationen. Das Konzept des politischen Camps wird und wurde aber nicht nur von der Klimagerechtigkeitsbewegung umgesetzt, sondern es wird auch von vielen anderen sozialen Bewegungen als Ort der Utopien, des Zusammenkommens, des Widerstands, der Politisierung und für Bildungsarbeit genutzt. Auch ist es keine «Erfindung» aus Westeuropa und hat nicht erst vor 20 Jahren begonnen. Da unsere Camp-Erfahrungen jedoch hauptsächlich aus dem europäischen Klimagerechtigkeitskontext stammen, wird sich der folgende Text vor allem an diesen orientieren.

Für uns ist klar, dass sich ein solches politisches Camp ganz hervorragend als Werkzeug im Werkzeugkasten der Konzernkritik eignet. Vorab jedoch ein paar Worte zum Grundgedanken, der vielen Klimacamps zugrunde liegt. Für einen festgesetzten Zeitraum – der zwischen wenigen Tagen und mehreren Wochen variieren kann – treffen sich Menschen auf einem Platz (zum Beispiel auf einer Wiese in einem Stadtpark oder einem abgemähten Feld), besuchen Workshops, führen Diskussionen, verrichten gemeinsam Reproduktionsarbeiten wie Gemüseschnippeln für die Küche oder Klos putzen, bereiten sich auf Aktionen vor, führen diese durch und knüpfen neue Kontakte. Das Ganze basiert auf freiwilligen Spenden, ist für alle offen und öffentlich angekündigt, kann nur für eine halbe Stunde oder den ganzen Camp-Zeitraum besucht werden und braucht keine Anmeldung.

Den meisten Camps liegen in der Konzeption vier Säulen zugrunde: Alternativen erlebbar machen / Utopien leben, Bildungsarbeit, Vernetzung und direkte Aktion. Ob diese vier Säulen gleich gewichtet sind oder nicht, hängt von den Organisator:innen und den Zielen ab. Es gibt reine Aktionscamps, die nur das Ziel haben, Aktivist:innen eine Küche, Klos und Schlafplätze anzubieten und ein Ort für Aktionstrainings zu sein. Manchmal stehen das Workshop-Programm oder die Vernetzung im Fokus und der Aktionsaspekt beschränkt sich auf eine Demonstration oder findet gar nicht statt.

## Überlegungen im Vorfeld

Ein Camp auf die Beine zu stellen, bedeutet viel Arbeit und kann die Ressourcen einer Gruppe für einen bestimmten Zeitraum stark binden. Es lohnt sich daher, im Vorfeld gut zu überlegen, ob ein Camp das richtige Werkzeug zum Erreichen eines gesteckten Zieles ist. Entscheiden wir uns für ein Camp, entscheiden wir auch, welche Schwerpunkte das Camp prägen sollen. Hier ein paar Überlegungen:

### ① Datum
In der Vergangenheit haben sich bei der Wahl des Datums vor allem folgende Punkte als wichtig erwiesen (ohne Gewichtung der Reihenfolge):

- Wann ist ein guter Zeitraum, an dem möglichst viele Menschen da sind und Zeit haben (sowohl von den potenziell teilnehmenden Personen wie auch vom Orga-Team)?
- Wann ist ein Zeitraum, an dem entweder wichtige Anlässe stattfinden, auf die wir mit unseren politischen Inhalten und Aktionen abzielen wie beispielsweise Konferenzen, Generalversammlungen und / oder keine

anderen möglicherweise konkurrenzierende Veranstaltungen, Camps, Aktionen stattfinden?
- Wie lange wird das Camp dauern? Wie viel Zeit braucht es für den geplanten Inhalt (Camp-Programm, Aktionsvorbereitung, Aktionstage)? In unserer Erfahrung lohnt es sich, die Auf- und Abbau-Tage in der Mobilisierung zu kommunizieren, damit mehr Menschen mithelfen. Für ein Camp für 150–250 Menschen haben wir in der Vergangenheit ungefähr anderthalb Tage für den Aufbau gebraucht und anderthalb bis zwei Tage für den Abbau. Grundsätzlich gilt: Lieber mehr als weniger einplanen.
- Ein Camp im späteren Frühling, Sommer oder Frühherbst ist grundsätzlich angenehmer, aber auch im Winter sind Camps durchaus (allenfalls mit ein paar Anpassungen) möglich.
- Realitätscheck vor der definitiven Datumswahl: Reicht die verbleibende Zeit für die Organisation und eine Mobilisierung, wie ihr sie euch wünscht? Es wurden Camps schon in wenigen Wochen umgesetzt, meistens gilt es jedoch, einen Organisationszeitraum von 4–8 Monaten ins Auge zu fassen.

## ② Ort

Grundsätzlich können Camps überall dort stattfinden, wo Menschen für den gewählten Zeitraum leben können; also dort, wo es Platz zum Schlafen gibt, eine Küche sowie Klos aufgebaut werden und das Programm stattfinden kann. In unserer Erfahrung waren das oft abgemähte Felder von Bäuer:innen, Sportplätze, Stadtpärke oder Ähnliches. Bei der Wahl des Ortes können folgende Punkte eine Rolle spielen (ohne Gewichtung der Reihenfolge):

- Erreichbarkeit vs. Ungestörtheit: Camps in der Stadt oder unmittelbarer Nähe zur Stadt haben mehr Protestwirkung nach aussen, sind leichter erreichbar für Menschen ausserhalb einer bestimmten «Szene», Passant:innen, die spontan da bleiben, und für Menschen, die nicht den ganzen Zeitraum dabei sein können. Nicht so zentrale Camps haben es oft leichter,

einen Platz zu finden, auf dem sie mit Zustimmung des:der Besitzer:in stattfinden können. Zudem sind Menschen dann eher bereit, für eine längere Zeit anwesend zu sein (oder alternativ gar nicht).
- Bewilligt oder besetzt: Auf öffentlichem Grund in der Schweiz eine Bewilligung für ein Camp in einer Stadt zu erhalten, ist oft eine langwierige und teilweise auch kostspielige Angelegenheit. Lange Bewilligungsfristen sind die Regel, zudem müssen viele Auflagen eingehalten werden, die teilweise ein Camp im engeren Sinne verunmöglichen (etwa die Auflage, dass keine Personen auf dem Camp schlafen oder dass keine Zelte aufgestellt werden dürfen). Die erwähnten Gebühren kommen daher, dass Camps oft nicht als politische Kundgebung, sondern als Veranstaltung eingestuft werden. Falls wir diese Option in Erwägung ziehen, lohnt sich eine sorgfältige Abklärung mit genug Vorlaufzeit sowie gegebenenfalls juristischer Unterstützung und Beratung. Falls sich eine Möglichkeit ergibt, das Camp mit Einwilligung der Besitzer:innen auf Privatgrund durchzuführen, bedeutet dies eine erhebliche juristische Vereinfachung und vor allem auch einen wichtigen Schutz für viele Personen (die beispielsweise juristisch in die Illegalität abgedrängt wurden). Ebenso fallen viele Auflagen und Gebühren weg. All dies muss jedoch mit den Besitzer:innen gut abgesprochen werden, da diese auch von offizieller Seite unter Druck geraten können. Eine Besetzung politisiert das Camp von Beginn an mehr, macht es aber gleichzeitig risikoreicher und womöglich weniger zugänglich. In der Vergangenheit konnte in vielen Beispielen eine Duldung erreicht werden. Je nach Kampagne oder Ziel, kann das Camp als solches auch bereits eine Aktion darstellen, wie beispielsweise das «Rise Up for Change Camp 2020» auf dem Bundesplatz gezeigt hat.
- Infrastruktur vor Ort: Ein guter Camp-Ort eignet sich zum Zelten (mit Wurfzelten lässt sich auch auf Beton oder Teer campieren, Erdboden mit Gras bleibt jedoch

deutlich komfortabler). Weiter befindet sich der Ort in der Nähe eines Zugangs zu Wasser und Strom, ist einigermassen zugänglich für Fahrzeuge für den Auf- und Abbau und bietet bereits von sich aus Schutz gegen Regen und Sonne in Form von Bäumen oder Ähnlichem. Weitere Informationen finden sich im Unterkapitel «Infrastruktur».

③ **Inklusion**
Grundsätzlich ist unserer Meinung nach ein Camp vom Grundkonzept her kein besonders inklusiver Ort. Mensch braucht Zeit, um daran teilzunehmen, welche nicht mit Lohn- oder Care-Arbeit belegt ist. Oft wird hauptsächlich eine Sprache gesprochen und viele Programmpunkte setzen (unbewusst) ein bestimmtes Bildungsniveau voraus. Das Campgelände ist voller Hindernisse für Menschen mit Beeinträchtigungen, mensch muss körperlich in der Lage sein, in einem Zelt auf dem Boden zu schlafen. Wenn Aktionen oder das Camp rechtliche Risiken bergen, werden weitere Privilegien vorausgesetzt. Auch ist ein Camp leider kein Ort, welcher auf magische Weise befreit ist von Sexismus, Klassismus, Rassismus, Ableismus, Antisemitismus, Trans- und Homophobie und weiteren Diskriminierungsformen. Mit einem bewussten Umgang kann dem aber etwas entgegengesetzt werden:

- Wir erarbeiten ein Awareness-Konzept und einen Campkonsens.
- Wir machen uns Gedanken darüber, wie wir ein Camp an die Bedürfnisse von gesellschaftlich marginalisierten Gruppen ausrichten können. Weiteres dazu findet mensch in den Links weiter unten.
- Wir informieren uns vorgängig, welche Massnahmen wir umsetzen können für ein möglichst barrierearmes Camp, etwa mit einem rollstuhlgängigen Klo, Massnahmen für befahrbare Wege auf dem Camp, Übersetzungen in Gebärdensprache, proaktive öffentliche Kommunikation von Barrieren, Texte in leichter Sprache, Bettenbörse oder Feldbetten für Menschen, die nicht auf Isomatten schlafen können und so weiter. Mehr Informationen auch hier in den Links weiter unten.

- Organisieren von Übersetzungen für Texte und Veranstaltungen. Wir stellen uns die Frage: Welche Informationen braucht es in welchen Sprachen?
- Wir sind nicht fehlerfrei! Es braucht die Bereitschaft, Kritik ernst zu nehmen, daran zu arbeiten und immer wieder weisse Flecken aufzudecken.

### ④ Organisationsstruktur

Ein Camp ist ein Prozess mit vielen verschiedenen Aufgaben und jedes Camp erfordert viel Vorbereitung und hat verschiedene Schwerpunkte. Eine oft verwendete Organisationsform sind Arbeitsgruppen (AGs), die sich regelmässig treffen und verschiedene Teilbereiche des Camps planen und organisieren. Folgende AGs wären für ein Camp denkbar, je nach Grösse des Orga-Teams und Ziel des Camps können einige zusammengenommen oder weiter aufgesplittet werden:

- AG Prozess: Koordiniert den Prozess, organisiert Plena etc.
- AG Kommunikation: Kümmert sich um klassische Medienarbeit und Social Media.
- AG Mobilisierung: Stellt Mobi-Material wie Flyer, Plakate und Sticker her, organisiert Mobi-Veranstaltungen und hilft bei Social Media mit.
- AG Infrastruktur: Organisiert den Ort, grosse Zelte, die Küche und Klos. Sorgt für Wasser und Strom und kümmert sich um die Logistik sowie darum, wie das Camp schlussendlich auf- und abgebaut wird. Kann je nach Grösse in Teilbereiche aufgesplittet werden (AG Wasser, AG Strom, etc.).
- AG Programm: Organisiert Veranstaltungen wie Workshops oder Konzerte, bereitet das Campleben vor, überlegt sich, welche gemeinsamen Aufgaben anfallen, und moderiert Camp-Plena.
- AG Vernetzung: Sorgt für Kontakt mit befreundeten Gruppen und bindet diese ein. Organisiert je nach Bedarf Erste-Hilfe-Gruppen (sog. Sani-Gruppen), Awareness oder rechtliche Beratung und Support in

Form von sog. Legal Teams oder AntiRepressions-Gruppen, kurz AntiRep-Gruppen.
- AG Inklusion: Obwohl Inklusion und Bestrebungen für diversere Gruppen die Aufgabe von allen sind und alle AGs diese mitdenken müssen, hilft es oft trotzdem, wenn eine Gruppe ein bestimmtes Augenmerk darauf hat und sich vertiefter damit auseinandersetzt.
- AG Aktion: Organisiert die Aktionstage, bietet Aktionsvorbereitung, Material und Aktionstrainings an.
- AG Finanzen: Erstellt ein Budget und kümmert sich um Fundraising durch Stiftungsanfragen, Crowdfunding, Spendenanfragen an befreundete Organisationen, Spendenaufrufe etc.

Diese Aufzählung kann den Eindruck erwecken, dass für die Organisation mehrere Vollzeitjobs von Nöten sind. Natürlich ist ein Camp viel Arbeit und diese wird nachhaltiger sein, wenn sie auf mehreren Schultern getragen wird. Trotzdem braucht es für ein Camp nicht notwendigerweise eine Gruppe von fünfzig Menschen, die ein halbes Jahr nichts anderes machen. Es gab Camps, die von einem knappen Dutzend Menschen, und Camps, die von mehr als hundert Menschen organisiert wurden. Je nach angestrebter Teilnehmendenzahl kann der Aufwand für die Vorbereitung und Durchführung stark variieren.

## Infrastruktur

Die Infrastruktur ist das Fundament eines Camps. Grundsätzlich zählen auf einem Camp meist folgende Elemente dazu: Grosse Zelte für Plena und Workshops, Küche, Klos, Wasser und Strom. Als Kollektiv besitzen wir solche Ausrüstung zum grössten Teil nicht selber, sondern wir leihen sie für die Camps aus.

### Zelte
Grössere Zelte für:
- Plena, Essen und Platz zum Sein
- Podiumsdiskussionen, Vorträge oder Ähnliches

- Konzerte und Veranstaltungen (brauchen oft noch zusätzliche Infrastruktur wie Lautsprecher, Mischpult, Beamer)
- Info-Zelte oder Welcome-Points für Flyer, Übersichtsplan zum Camp, Reproduktions-Board (eintragen von Schichten / Ämtli)

Kleinere Zelte oder Pavillons für:
- Workshops
- Unterstützungsstrukturen wie zum Beispiel ein Erste-Hilfe-Zelt oder ein Awareness-Zelt
- Bar für das Getränke-Angebot
- ein Medienzelt für das Kommunikationsteam
- ein Materialzelt für Farben, Stoff, Pinsel und alles weitere, was es für kreative Aktionen braucht
- Ein Kinderzelt, falls ihr ein Kinderprogramm oder eine Kinderbetreuung plant

### Küche
Auf den meisten Camps haben Kochkollektive, manchmal auch KüFas (Küche für alle) oder VoKü (Volx Küche) genannt, die Verantwortung für das Essen, da das Kochen für grössere Menschengruppen etwas Erfahrung voraussetzt. Sie kochen meist vegan und verarbeiten oft auch gerettete Lebensmittel. Meist haben sie ihr eigenes Kochmaterial, brauchen aber vom Camp aus ebenfalls eines oder mehrere Zelte, um einen Teil der Küche unterzubringen, Lebensmittel zu lagern oder die Abwaschstation aufzubauen.

### Klos
Auf den meisten Klimacamps werden sogenannte Kompost-Toiletten benutzt. Diese verbrauchen kein Wasser und die Fäkalien können im besten Falle weitergenutzt werden. Je nach Typ sind diese Klos etwas unterschiedlich, die meisten jedoch bestehen aus einer Art Bausatz, der auf dem Camp selber auf- und wieder abgebaut werden kann. Die Fäkalien werden in Tanks gesammelt, die regelmässig geleert werden müssen. Je nach Typ und Möglichkeiten können die Tanks bei den öffentlichen Kläranlagen geleert werden oder sie werden der weiteren Ver-

arbeitung zugeführt. Weniger umweltfreundlich (und deutlich unangenehmer im Geruch) sind die bekannten Dixie-Klos, die jedoch auch eine Option darstellen.

## Wasser und Strom

Ein Trinkwasseranschluss in unmittelbarer Nähe des Camps stellt eine erhebliche Erleichterung dar. Dabei kann es sich um einen Wasseranschluss in einem Gebäude, um einen Hydranten oder um einen Bewässerungsanschluss in einem Stadtpark handeln. Am besten nehmen wir zur Besichtigung eines möglichen Camp-Ortes eine Person mit, die sich mit Anschlüssen und dergleichen auskennt. Auf den meisten Camps hat die Küche einen eigenen Wasseranschluss, bisweilen gibt es eine Handwaschanlage bei den Klos (eine solche kann aber auch mit einem kleinen Tank und einer Fusspumpe betrieben werden), wichtig ist zudem ein allgemeiner Zugang, an dem Menschen Trinkwasser abfüllen können. Beim Strom sieht es ähnlich aus. Trotz einer mobilen Solaranlage mit Batterie wird oft ein externer Anschluss als Back-Up oder Ergänzung benutzt. Grundsätzlich kann folgendes auf einem Camp Strom benötigen: Licht, Kühlschränke, Küchengeräte wie Mixer, Infrastruktur des Kommunikationsteams wie Computer oder Kameras, Beamer in Workshop-Zelten, eine Handyladestation für alle oder eine Musikanlage für Konzerte. Strom und Wasser brauchen deswegen auch eine ganze Menge an Material wie Kabel, Beleuchtung und Schläuche.

Bereits im Vorfeld überlegen wir genau, wie wir den Platz nutzen wollen und erarbeiten einen Camp-Plan. Die Küche und die Klos sind meist auf festem Boden besser aufgehoben und es ist praktisch, wenn sie leicht zugänglich für Fahrzeuge sind. Ausserdem macht es in Bezug auf die Hygiene Sinn, einen gewissen Abstand zwischen Küche und Klos einzuhalten. Beim Bereich für die Schlafzelte ist es gerade im Sommer toll, wenn diese nicht bereits morgens um 07h00 in der prallen Sonne stehen. Bestimmte Zelte wie etwa das Awareness- oder Sanitätszelt brauchen womöglich eine etwas ruhigere Umgebung und wir platzieren sie daher nicht direkt neben der Konzertbühne. Die Info- und Welcome-Zelte stellen wir eingangs auf, damit sie den Besucher:innen als erste Anlaufstelle dienen. Gerade bei Camps

auf natürlichem Boden lohnt es sich zu prüfen, wie Schaden am Boden möglichst vermieden werden kann. Lebensmittel und anderes Material lagern wir auf Paletten oder auf Schutzmatten. Diese legen wir ebenfalls auf Flächen mit besonders viel Abnützung aus, wie beispielsweise beim Plenumszelt oder bei der Ansteh-Schlange vor der Essensausgabe. Auch ein Abfall- und Recyclingkonzept sowie Notfallpläne bei Feuer oder starker Witterung (vor allem Sturm kann grössere Schäden auf Camps hinterlassen) müssen wir im Vorfeld planen.

### Selbstorganisation

Ein Protest-Camp wird im Vorfeld von einer Gruppe organisiert, soll jedoch auch die Menschen vor Ort zur Selbstorganisation befähigen. Ein Klimacamp funktioniert nur gut, wenn sich viele Menschen nicht nur als Besucher:innen sehen, sondern Teil eines partizipativen Camplebens sind. Alle anwesenden Menschen sollen befähigt sein, mitzuwirken, ihre Ideen einzubringen und ihren Teil an Verantwortung zu übernehmen. Es gibt viele Aufgaben, welche Menschen ohne Vorerfahrung übernehmen können und sich so auch schnell als Teil des Camps verstehen. Wir überlegen uns, welche Aufgaben anfallen und wie wir Menschen einbinden und wo es Raum für die Ideen von dazustossenden Menschen gibt. Das tägliche Campplenum eignet sich gut, um gemeinsam Regeln festzulegen oder die täglich anfallenden Aufgaben zu verteilen. Diese können wir beispielsweise auf einem Ämtliplan / Repro-Board sammeln und so gemeinsam tragen.

Wichtige Arbeiten / Ämtli können sein (nicht abschliessend):
- Schnippeln für die Küche
- Geschirr abwaschen (3× täglich)
- Toiletten-Crew (sollten danach drei Tage nicht in der Küche arbeiten wegen Infektionsgefahr)
- Awareness-Team
- Aufräumen der Campflächen
- Nachtschichten (davon abhängig davon, wo sich das Camp befindet, z. B. In öffentlichen Parks sinnvoll)

Die gesammelte Erfahrungen an Selbstorganisation beim Aufbau von grossen Zelten, beim Leiten von Plena oder bei der Bereitstellung von Infrastruktur (Wasseranschlüsse und Strom verlegen) sind wertvoll für die Teilnehmenden und helfen der Gruppe bei der weiteren Durchführung des Camps.

### Programmgestaltung

Die Programmgestaltung des Camps ist der Ort, an dem die vier oben genannten Säulen wohl am stärksten zum Tragen kommen.

### Bildung
Ist beim Thema Programm relativ naheliegend. Dennoch müssen wir uns auch hier in der Planung gut überlegen, was unsere Ziele und unsere Ansprüche an das Camp sind. Gibt es einen oder mehrere thematische Schwerpunkte und wie breit sind diese? Wollen wir mit dem Programm vor allem Menschen ansprechen, die bereits aktiv sind und diese weiterbilden und ermächtigen wirksamer und strategischer vorzugehen oder vor allem Menschen erreichen, die bisher wenig mit einem bestimmten Thema zu tun hatten? Welche Bildungsformate eignen sich am besten: Vorträge, Diskussionen und / oder Workshops?

### Utopien leben
Utopien sind unserer Meinung nach vor allem bei zwei Punkten des Programms ein wichtiger Aspekt. Einerseits hinsichtlich des selbstorganisierenden und partizipativen Anspruchs, den viele Camps haben. Andererseits bezüglich der Lebensform auf dem Camp, welche möglichst nachhaltig sein will und in der das Gute Leben für alle erfahrbar sein soll. Es braucht auch Platz für Konzerte, ein gemeinsames Frisbeespiel oder gemütliche Runden um ein Lagerfeuer.

### Vernetzung
Ein Camp-Programm ist ein wunderbares Werkzeug, um andere Gruppen, Organisationen und Bewegungen mit der eigenen zu vernetzen und Beziehungen und Kontakte zu knüpfen, die auch

nach einem Camp in weitere Zusammenarbeit münden können. Im Vorfeld überlegen wir, welche Themen wir präsent haben möchten und was für Gruppen dafür angefragt werden könnten. Vielleicht möchten wir auch eine Veranstaltung mit dem spezifischen Fokus der Vernetzung einplanen? Die Programmgestaltung ist aber auch der Moment, in dem wir besonders viel Augenmerk auf eine ausgewogene und diverse Mischung von Workshopgebenden legen sollten. Leider können sich hier rasch gesellschaftliche Macht- und Redeverhältnisse reproduzieren. Oft reisen Menschen für Protestcamps weite Strecken, Kämpfe und Widerstände an anderen Orten werden sichtbar. Gerade in der Klimagerechtigkeitsbewegung ist der Austausch und die Vernetzung mit Gruppen aus anderen Ländern stark durch Klimacamps gewachsen und geprägt.

### Aktionen

Auch wenn an einem Camp keine grosse Aktion geplant ist, sind diese oft ein guter Einstieg und ein erster Kontakt mit verschiedenen Aktionsformen. Wir überlegen uns deshalb, ob wir auch Programmpunkte wie ein Aktionstraining oder einen Workshop zur Aktionsplanung integrieren wollen. Wenn eine Aktion angedacht ist, ist das Camp oft der Ort für die gemeinsame Vorbereitung. Neben den Aktionstrainings sollten dann auch eine rechtliche Beratung, eine Möglichkeit zur Bezugsgruppen-Findung und Info-Plena zu der Aktion eingeplant werden.

Neben diesen vier Bereichen, die bei den meisten Camps in unterschiedlicher Gewichtung im Programm zu finden sind, gibt es bei der Programmgestaltung auch noch weiteres mitzudenken:

- Wie schätzen wir die Teilnehmer:innen-Zahl ein? Möchten wir Programmpunkte parallel anbieten oder nicht? Wie viel Pausen sollen für Essen, etc. zwischen den Programmpunkten eingeplant werden?
- Welches Material benötigen die einzelnen Veranstaltungen?
- Wie handhaben wir Honorare und Spesen für Redner:innen, Künstler:innen und Übersetzer:innen?
- Wo braucht es welche Übersetzungen und brauchen wir Material dafür?

- Wann muss das Programm ausgearbeitet sein, damit die AG Mobilisierung es veröffentlichen kann?
- Wie organisieren wir uns, dass Redner:innen auf dem Camp begrüsst und unterstützt werden?
- Wie integrieren wir die Camp-Plena ins Programm? Und wie sorgen wir dafür, dass Menschen auch am Plena teilnehmen?
- Möchten wir «Open Space»-Räume, in denen spontan Veranstaltungen angeboten werden können?

## Aktionen

Über Aktionsplanung, -vorbereitung und die dazugehörige Medienarbeit lassen sich alleine ganze Bücher füllen. Der Platz in diesem Beitrag reicht hierzu bei weitem nicht aus. Trotzdem sind Aktionen oft Teil oder gar der Grund für politische Camps und auch Konzernkritik kommt wohl nicht ohne Aktionen aus, weswegen wir doch ein paar Gedanken und Verweise auf weiteres Material (siehe nächster Abschnitt) zu Aktionsvorbereitung und -planung anbringen möchten.

Wenn wir bei unserer Camp-Planung den Entschluss gefasst haben, dass auch Aktionen Teil davon sind, dann stellen wir uns zuerst die Frage, welche Aktionsformen am meisten zu unseren Zielen, zu unseren Erfahrungen und Kapazitäten passen. Meistens finden Aktionen an Camps an einem oder mehreren Aktionstagen statt. Sie haben also einen speziell dafür reservierten Zeitraum. An diesen kann eine grosse Massenaktion stattfinden, wie beispielsweise eine Demonstration oder eine Aktion zivilen Ungehorsams wie eine Blockade. Es kann verschiedene aufeinander abgestimmte Aktionen geben wie beispielsweise eine Kletter-Aktion mit einem Banner, eine Blockade und eine bewilligte Demonstration mit einer inhaltlichen Verknüpfung oder es kann aufgerufen werden zu selbstorganisierten Kleingruppenaktionen, an denen alles passieren kann von Adbusting über Flashmobs zu Blockade-Aktionen, Haustürgesprächen und Infoständen. Wir haben in der Vergangenheit die Erfahrung gemacht, dass Massenaktionen besser funktioniert haben, um mediale Aufmerksamkeit zu generieren und einen Diskurs zu prägen, aber deutlich aufwändiger waren. Kleingruppen-Aktionen sind meist vielfältiger und benötigen mehr Ressourcen von Teilnehmer:innen, da mehr Vorbereitungsaufwand bei ihnen liegt. Sie führen aber auch dazu, dass wesentlich mehr Partizipation möglich ist und neue Leute sich danach langfristig weiter organisieren. Eine weitere Möglichkeit besteht darin, mit anderen Gruppen, die mit einer eigenen Aktion am Camp zu Gast sind, zusammenzuarbeiten.

Haben wir uns für eine Aktionsform entschieden, stellt sich als nächstes die Frage, wie wir für die Aktionen mobilisieren. Viele Massenaktionen werden öffentlich angekündigt. Dies hat den Vorteil, dass bereits im Vorfeld ein Diskurs dazu entstehen kann und auch Menschen davon erfahren, die nicht per se bereits politisch in einer Gruppe organisiert sind. Es birgt jedoch die Herausforderung, dass meistens auch die Polizei im Vornherein von der Aktion erfährt und deswegen viele Details wie beispielsweise Orte und Zeiten bis zum Start der Aktion nur einem kleinen Teil der Organisierenden bekannt sein dürfen. Da potenziell mit mehr Hindernissen zu rechnen ist, müssen wir deutlich mehr in die Planung der Aktion und die Ausarbeitung verschiedener möglicher Szenarien investieren. Kleingruppen-Aktionen haben den Vorteil, dass sie weniger berechenbar sind. Oft sind sie jedoch weniger anschlussfähig.

Ist auch diese Frage geklärt und haben wir erst einmal erarbeitet, was an unseren Aktionstagen passieren soll, dann geht es darum, zu eruieren, was es braucht, damit alles erfolgreich in die Tat umgesetzt werden kann. Eine bei weitem nicht abschliessende Liste umfasst folgende mögliche Punkte:

- Wir erarbeiten einen Aktionskonsens. Er dient dazu, die Aktion für alle Teilnehmenden transparent und einschätzbar zu machen und beschreibt grob, was die Aktion bewirken möchte, was sie beinhaltet und was auf keinen Fall geschehen darf (beispielsweise Gewalt gegen Lebewesen).
- Bei Massenaktionen: Wir erarbeiten einen Aktionsplan, eine Übersicht hinsichtlich möglicher Szenarien und einen detaillierten Zeitplan und klären die Verteilung

der Aufgaben. Aber auch bei Kleingruppen-Aktionstagen werden teilweise einzelne Aktionen vorbereitet, denen sich Menschen anschliessen können, die keine eigene Aktion planen möchten oder können.
- Wir ziehen auch Aktionstrainings in Erwägung. Vor allem beim Aufruf zu selbstorganisierten Kleingruppen-Aktionstagen können auch spezifische Aktionstrainings wie Lock-On oder Theater-Trainings sinnvoll sein. Das Gleiche gilt für die oben bereits erwähnten Workshops zur Aktionsplanung.
- Bereits im Vorfeld klären wir wesentliche rechtliche Fragen ab, lassen uns beraten und stellen rechtliche Unterstützung während der Aktion zur Verfügung (Betreuung eines AntiRep-Telefons und Kontakte zu solidarischen Anwält:innen). Möglicherweise erstellen wir auch einen AntiRep-Flyer oder organisieren Rechts-Workshops im Vorfeld.
- Material: Für Massenaktionen beispielsweise Transparente, Lautsprecher, Megaphone sowie aktionsspezifisches Material. Aber auch Kleingruppen-Aktionen sind einfacher (und damit oft zahlreicher) organisiert, wenn auf dem Camp Grundmaterialien wie beispielsweise Stoff, Farben, Blockadematerial, Absperrband, Megaphone, Schnur, Klebeband, Karten und Ähnliches bereitstehen und die örtliche Druckerei vorgewarnt ist, dass möglicherweise kurzfristige Druckaufträge in diesem Zeitraum zu erwarten sind.
- Bei Bedarf fragen wir Supportstrukturen an, beispielsweise Sani-Teams, Out of Action oder parlamentarische Beobachter:innen.
- Gegebenenfalls sprechen wir uns mit anderen Gruppen und Organisationen ab, die im selben Zeitraum ebenfalls Aktionen geplant haben, so dass sich eine gegenseitige Verstärkung und keine Konkurrenzsituation ergibt.
- Wir organisieren ein gut vorbereitetes Aktions-Info-Plenum bei öffentlich angekündigten Aktionstagen, das neuen Menschen ermöglicht, dazuzustossen. Eventuell ein Bezugsgruppen-Finden organisieren für Menschen, die alleine angereist sind.

- Bereits im Vorfeld kümmern wir uns um die Nachbereitung. Wir klären, wie mit rechtlichen Folgen umgegangen werden soll. Bereits vorweg definieren wir, wer sich verantwortlich fühlt, mögliche Betroffene zu organisieren und sich beispielsweise um das Sammeln von Geld für Bussen oder Anwaltskosten kümmert. Wir skizzieren bereits die Möglichkeit einer gemeinsamen (emotionalen) Nachbereitung.

Von Anfang an denken wir bei der Organisation der Aktionstage auch an die Medien- und Kommunikationsarbeit. Damit die Kernbotschaft und das Aktionsbild wie gewünscht in die Medien gelangt, erstellen wir ein Kommunikationskonzept. Ebenso von zentraler Bedeutung ist ein Medienteam. Das Kommunikationsteam erarbeitet die Kernaussagen, bereitet Medienmitteilungen vor, hat sich vorbereitet auf mögliche (kritische) Fragen, hat Fotograf:innen und Filmer:innen organisiert, bespielt die Social-Media-Kanäle und stellt Pressesprecher:innen für Interviews und andere Medienanfragen bereit. Medienschaffende suchen oft eine Geschichte, die sie in ihrem Artikel erzählen wollen. Eine der grössten Herausforderungen ist es, die Botschaft und die entscheidenden Bilder den Journalist:innen so zu erzählen, dass sie diese auch in ihren Publikationen korrekt weitergeben.

Oft liegt der Schwerpunkt der Medienarbeit während eines Camps auf den Aktionstagen, aber auch das Camp selber kann gerade für interessierte Journalist:innen einen guten Raum darstellen, sich mit bestimmten Themen tiefer zu befassen, Menschen kennenzulernen, die sich für etwas engagieren, sowie einen Einblick in diese utopische Vorschau einer anderen Welt zu bekommen.

### Nachbereitung und Kontakte

Diese Auflistung erwckt wahrscheinlich den Eindruck, dass es wahnsinnig viel Arbeit bedeutet, ein Camp auf die Beine zu stellen. Es müssen tausend Sachen berücksichtigt werden, bevor überhaupt das erste Zelt aufgestellt wird. Ja, das stimmt – aber bei dieser Darstellung kommen unzählige positive und schöne Seiten zu kurz. Mit den Beziehungen und Vernetzungen, die an einem Camp entstehen, den vielen Denkanstössen, Inputs sowie der Überzeugung, dass eine andere Welt möglich ist, dem Gefühl der Selbstermächtigung nach einer erfolgreichen Aktion und der Stärkung des Zusammenhalts eines Orga-Teams hat ein Camp eben auch enormes Potential für kräftige und wirksame Kritik an den herrschenden Zuständen. Und ganz viele der oben genannten Dinge lernen wir meistens während der Organisation selbst, sobald der Entschluss gefallen ist, gemeinsam ein Camp auf die Beine zu stellen.

Uns ist bewusst, dass viele nützliche Dinge in diesem Kapitel bisher nicht genannt wurden und dass es weitere informelle Dinge und Kontakte gibt, die wir nicht in einem Buch teilen möchten. Trotzdem fügen wir zum Abschluss noch einige Links und Kontakte an (weit weg von abschliessend). Die meisten davon beziehen sich auf den deutschsprachigen Raum oder den Schweizer Kontext. Das Wichtigste ist: Falls ihr selbst ein Camp plant und Fragen habt, Kontakte oder Unterstützung braucht, dann meldet euch bei uns! Wir schauen unsere Email-Adresse: info@climatejustice.ch regelmässig an und helfen euch gerne weiter.

### Weiterführende Links und Buchtipps
- Viele Gedanken, Gespräche und Erfahrungen, die helfen, ein Camp diverser, gerechter zu gestalten und es besser an den Bedürfnissen marginalisierte Gruppen zu orientieren, hat sich das Climate Justice Camp Belgium gemacht (Englisch): climatejusticecamp.be/en/systemic-struggles
- Infos, Blog und mehr über Ableismus und barrierearmen Aktivismus sowie ein Link zum Verein Tatkraft. Tatkraft ist ein Verein von und für Menschen mit Behinderungen, die selbstbestimmt den Alltag bewältigen und aktiv die Gesellschaft mitgestalten wollen: eichhoernchen.ouvaton.org, tatkraft.org
- Material zu «How to organize a Kleingruppen Aktion» und auch anfragbar für verschiedene Workshops

in diesem Themenbereich: www.zuckerimtank.net/language/de/home-de
- Infos zu Aktionstrainings und Aktionsplanung: skillsforaction.wordpress.com
- Viele Aktionsformen und Gedankenanstösse: beautifultrouble.org
- Ein Kochkollektiv aus dem Schweizer Raum: www.kollektiv.kitchen
- Beispiele von Awareness-Plakaten und Infos zu Awarenessstrukturen: awarenetz.ch
- Verschiedene AntiRep Strukturen: Rote Hilfe Schweiz rotehilfech.noblogs.org
- AntiRep BS: antirepbasel.noblogs.org. Weitere Links auf Anfrage.
- Material zu Planung von Kampagnen und Aktionen mit Beispielen: www.graswurzel.net/gwr produkt/handbuch-fuer-gewaltfreie-kampagnen
- Handbuch Pressearbeit für soziale Bewegungen mit sehr vielen Inputs und Tipps zu allen Aspekten der Kommunikationsarbeit: Handbuch Pressearbeit – Soziale Bewegungen schreiben Geschichte:n, Hedwig A. Lindholm, UNRAST Verlag, 2020, ISBN: 978-3-89771-289-8

Fazit

# Grenzenlose Solidarität

Ob wir Geschäftsberichte und Zahlen mögen, gerne Nachhaltigkeitsberichte entlarven, ob wir gerne Konzernen Infos entlocken oder ein Protestcamp organisieren – dieses Buch zeigt auf, wie man sich gegen Konzerne organisiert; ebenso thematisiert es funktionierende Ansätze und Schwierigkeiten.

Auf die Frage, was Aktivist:innen hier in der Schweiz falsch machen können, hat Gianina Echevarría eine klare Meinung. Sie unterstützt die Bergarbeitergewerkschaft der Mine Andaychagua in Peru, Teil eines Tochterunternehmens des Schweizer Konzerns Glencore (siehe Kapitel «Solidarität im Arbeitskampf»). Das grösste Problem ist, sagt Gianina, wenn es «keine Unterstützung und Solidarität im Hinblick auf den Kampf zur Verteidigung der Menschenrechte der Minenarbeiter:innen» gibt. Diese Aussage macht Mut. Denn auch wenn es schwierig und aufwändig ist, sich global zu vernetzen und eng zusammenzuarbeiten, so ist Solidarität das, was wirklich gebraucht wird – und gleichzeitig ist es etwas, das in unserer Macht steht. Egal, ob es um Ausbeutung geht oder um die Klimakrise.

Auch Luis Fernando Ramírez Miranda von der Minenarbeitergewerkschaft Sintramienergética in Kolumbien wünscht sich «moralische Unterstützung und Solidarität mit den Arbeiter:innen und ihren Organisationen». Gianina drückt es noch konkreter aus: «Wenn uns zivilgesellschaftliche Organisationen mit der Verbreitung und Weitergabe unserer Botschaft unterstützen, werden die Arbeiter:innen bei uns erkennen, dass sie nicht allein sind.» Ein solches solidarisches Zeichen lässt sich in unsere alltäglichen Aktivitäten einbauen, die wir verfolgen. Die positive Reaktion von Aktivist:innen an einem anderen Ort dieser Welt auf ein solches Zeichen kann wiederum als Treibstoff für die eigenen Aktivitäten dienen. Für MultiWatch ist diese enge Zusammenarbeit der Grundstein unseres Handelns und wir hoffen, mit diesem Buch auch andere Aktivist:innen dazu zu motivieren.

Dieses Handbuch will jedoch mehr als ein solidarisches Zeichen setzen, mehr als ein Werkzeugkasten für Aktivist:innen sein. Es soll ein Funken sein für Gruppen von Aktivist:innen und Organisationen, die sich solidarisieren mit den von den Machenschaften der Schweizer Konzerne betroffenen Menschen. Es ist ein Beitrag für Aktivist:innen, die ein Ziel haben und eine Kampagne auf die Beine stellen. Als kleine Gruppe entschieden wir uns zum Beispiel 2014 dazu, uns in Basel – und global – gegen Syngenta zu organisieren. Die meisten von uns brachten keinen vollgepackten Rucksack mit Erfahrung mit – weder bezüglich Konzernkritik noch bezüglich der Landwirtschaft. Nichtsdestotrotz brachten wir einen Stein ins Rollen: Wir organisierten eine grosse Gegenkonferenz «Agro statt Business» zu Syngentas Auftritt im Namen von Basel-Stadt an der Weltausstellung. Seither findet jährlich ein kreativer und starker «March against Bayer & Syngenta» in Basel statt, es entstanden ein «Schwarzbuch Syngenta» und eine lokale Bewegung namens «Nicht in unserem Namen, Basel!» gegen Syngentas Pestizide. Dutzende von Protestaktionen und Veranstaltungen wurden seither durchgeführt. Wir sind viele und wir können einen Sturm von Aktivitäten auslösen, der an der Konzernmacht rüttelt. Lasst uns gemeinsam mit den betroffenen Menschen einen erfolgreichen Kampf gegen Ausbeutung, patriarchale und rassistische Unterdrückung sowie die Zerstörung der Natur führen. Power to the people, not corporations!

## Endnoten

1. *Yellow unions* sind Gewerkschaften, die de facto vom Management des Unternehmens aufgesetzt werden. Zum Teil werden auch regierungsnahe Gewerkschaften so bezeichnet. Sobald die Gewerkschaft nicht primär die Interessen der Beschäftigten vertritt, spricht man von einer yellow union.
2. daslamm.ch/unsere-maiskoelbchen-kommen-aus-indien-wieso
3. daslamm.ch/wenn-ein-t-shirt-nur-4-chf-kostet-kriegt-irgendjemand-zu-wenig-ca-bewirbt-das-trotzdem-mit-dem-hashtag-bestdeal
4. daslamm.ch/kann-etwas-das-zu-10-prozent-aus-gift-besteht-biologisch-abbaubar-sein-der-rauchzubehoerproduzenten-ocb-ist-der-meinung-dass-das-geht
5. daslamm.ch/die-migros-fliegt-mitten-im-sommer-blumen-vom-afrikanischen-kontinent-in-die-schweiz
6. Aktien sind Anteilsscheine an Unternehmen, die auch Mitbestimmung beinhalten.
7. Eine Aktienemission bezeichnet die Neuausgabe von Aktien durch die Aktiengesellschaft (dem Emittenten).
8. www.investopedia.com/investing/why-do-companies-care-about-their-stock-prices
9. Die Rechnungslegung ist, einfach gesagt, die Erstellung und Veröffentlichung der Finanzberichte eines Unternehmens.
10. Thomas Sablowski, «Bilanz(en) des Wertpapierkapitalismus Deregulierung, Shareholder Value, Bilanzskandale», PROKLA, Zeitschrift für kritische Sozialwissenschaft, Heft 131, 33. Jg., 2003, Nr. 2, S. 207
11. Original: «Accounting really is the ‹language of business›, and knowledge of it is a necessary condition for understanding the detailed workings of capitalism»
12. Andreas Nölke und James Perry, «The Power of Transnational Private Governance: Financialization and the IASB», Business and Politics, Vol. 9, Nr. 3, S. 1.
13. www.unia.ch/de/arbeitswelt/von-a-z/lohn/lohnschere-studie
14. www.publiceye.ch/de/themen/mode/existenzlohn/10-ausreden
15. www.publiceye.ch/de/themen/mode/gesundheit-sicherheit-arbeitsplatz/bangladesch/rana-plaza/accord/ausreden
16. www.publiceye.ch/de/themen/mode/covid-19-lohndiebstahl-die-fadenscheinigen-ausreden-der-modefirmen
17. www.mindthegap.ngo/harmful-strategies/distracting-obfuscating-stakeholders
18. www.publiceye.ch/de/publikationen/detail/firmencheck-2019
19. openapparel.org
20. www.sec.gov/edgar/search
21. www.publiceye.ch/de/themen/mode/crowd-research

| | |
|---|---|
| 22 | www.ohchr.org/documents/publications/guidingprinciplesbusinesshr_en.pdf |
| 23 | www.oecd.org/berlin/publikationen/oecd-leitsaetze-fuer-multinationale-unternehmen.htm |
| 24 | www.ifc.org/wps/wcm/connect/Topics_Ext_Content/IFC_External_Corporate_Site/Sustainability-At-IFC/Policies-Standards/Performance-Standards |
| 25 | Brot für alle hat per 2022 mit HEKS fusioniert. |
| 26 | Es muss daran erinnert werden, dass der Prozess, an dessen Ende die UNDROP steht, aus einer Idee und einem Vorschlag aus der bäuerlichen Basis heraus entstanden ist. Während der 2. Internationalen Konferenz von La Via Campesina (LVC) im Jahr 1996 kam der Bauernbewegung angesichts der systematischen Verstösse die Idee, das internationale Recht zum Schutz ihrer Rechte anzuwenden. Während der 3. Internationalen Konferenz im Jahr 2000 wurde eine LVC-Kommission für Menschenrechte eingerichtet, die zum Schluss kam, dass die bestehende Rechtslücke geschlossen werden muss. Sie forderte daher die Ausarbeitung völkerrechtlicher Normen, die spezifisch die Rechte von Kleinbauern und -bäuerinnen betreffen. Die Idee wurde dann über CETIM bei den Vereinten Nationen eingebracht. Es wurde beschlossen, dass Kuba und später Bolivien die internationale Führung im Verhandlungsprozess übernehmen sollten. Dies ist, insbesondere dank des Engagements dieser beiden Länder, auch tatsächlich geschehen. Kuba brachte 2009 die Resolution ein, mit welcher der Beratende Ausschuss der Vereinten Nationen beauftragt wurde, eine Studie über die Rechte von Kleinbauern und -bäuerinnen zu erstellen. Mit dieser Initiative wurde die Debatte in den Vereinten Nationen eröffnet. In der Folge erklärte sich Bolivien bereit, die Führung im Verhandlungsprozess zu übernehmen und legte die Resolution vor, mit der das Verhandlungsmandat für die Erklärung geschaffen wurde. Der Entwurf der Erklärung über die Rechte von Kleinbauern und -bäuerinnen stand vollkommen mit der Politik Boliviens unter der Präsidentschaft von Evo Morales im Einklang. |

## Impressum

Herausgeber:
Verein MultiWatch, Schwanengasse 9, 3011 Bern
www.multiwatch.ch, info@multiwatch.ch
PC 30-370569-9

Verlag:
edition8, Quellenstrasse 25, CH 8005 Zürich
info@edition8.ch, www.edition8.ch

1. Auflage 2023
ISBN 978-3-85990-492-7

Die edition 8 wird im Rahmen der Verlagsförderung vom Bundesamt für Kultur mit einem Förderbeitrag von 2021–2024 unterstützt.

Redaktion:
Die verantwortliche Arbeitsgruppe von MultiWatch besteht aus Katharina Boerlin, Ueli Gähler, Elango Kanakasundaram, Joël László und Silva Lieberherr, mit Unterstützung durch Hans Schäppi, Sarah Suter, Yvonne Zimmermann und die restlichen MultiWatch-Vorstandsmitglieder.

Die Vorlage für dieses Handbuch stammt von Corporate Watch und trägt den Titel «INVESTIGATING COMPANIES – A Do-It-Yourself Handbook» (corporatewatch.org/product/investigating-companies-a-do-it-yourself-handbook).

Lektorat: Katharina Boerlin
Korrektorat: Heinz Scheidegger, Arbeitsgruppe MultiWatch
Illustration: Marlen Keller
Gestaltungskonzept: Naïma Heim, Marlen Keller, Anabel Keller
Layout: Anabel Keller
Druck und Bindung: StückleDruck, Ettenheim

Dank:
Allen Gastautor:innen und Interviewpartner:innen für die Texte, Corporate Watch für die Vorlage und Andréane Leclercq für die Unterstützung bei der Übersetzung.